Anatomy of a Dating Violence Crime

데이트 폭력 범죄의 해부

김한중, 강동욱 지음

도서출판 그린

서 문

최근 데이트폭력범죄인 '연인 간 폭력'이 자신의 연인을 대상으로 살인, 강간 등 강력사건으로 발생되면서 심각한 사회문제가 되고 있다. 또한, 경찰청 자료를 보아도 데이트폭력은 계속 증가하고 있다.

문제는 지금까지 데이트폭력 '연인 간 폭력'을 단순한 남녀간의 사랑싸움으로 치부하여 온 것이 우리 사회의 현실이었다. 그러나 데이트폭력범죄는 일선 치안현장에서 보면 서로 연인 간이라는 인적 특수성이 존재한다는 특성이 있고, 집착과 반복성이라는 특성이 있다. 또한, 데이트폭력은 자신의 연인을 상대로 하여 단순 폭행을 넘어서 정신적, 경제적, 통제력을 행사하는 다양한 폭력 유형들이 복합적으로 나타나고, 더구나 인적 특수성으로 인하여 피해자 보호가 제대로 되지 않으면서 피해자에게 신체적 침해 외에도 심각한 정신적 후유증을 초래하게 된다.

하지만 최근 결혼을 하지 않는 비혼화의 증가와 이로 인한 1인 가구의 증가로 인해 연인 간 폭력의 문제는 앞으로도 계속 증가할 것으로 생각된다. 이에 저자는 경찰관으로 재직하면서 평소 데이트폭력의 원인과 해결방안에 대하여 고민을 해왔고, 대학원 박사과정에 진학한 후에는 관련 학술논문을 발표하였으며, 이를 박사학위논문 주제로 선정하여 지난 2월에 동국대학교에서 법학박사학위(데이트폭력범죄에 관한 연구 - 치안현장의 경험에 기초하여)를 받기에 이르렀다. 특히, 본 학위논문을 작성함에 있어서는 그동안 선행연구에서 밝혀온 이론과 외국의 법제에 대한 분석을 토대로 하여 데이트폭력범죄 관련 실증적 자료에 바탕을 두고, 경찰실무적 관점에서 분석을 시도하고 대안을 제시하였다. 따라서 다른 연구와 달리 매우 실효적인 연구결과를 도출하고자 하였으며, 따라서 본 논문에서 제시된 내용들은 앞으로 데이트폭력범죄 관련 법과 제도 및 정책을 수립·시행하는데 있어서 중요한 참고자료로 활용될 수 있을 것으로 판단된다. 이에 최근 사회 문제가 되고 있는 데이트폭력문제의 심각성과 해결방안 등에 대하여 학술적 결과를 도출한 것에 그치지 않고, 저자가 연구한 내용을 일선 사건현장에서 데이트폭력범죄를 다루는 경찰관 등 전문가들은 물론, 일반인과 공유함으로써 우리 사회에서 데이트폭력범죄를 효과적으로 근절하는데 기여해 보고자 그 내용을 정리하여 지도교수이신 강동욱 교수님과 같이 단행본으로 출간하기로 하였다.

본서가 출판되기까지 지도해 주신 동국대학교 법학과 강동욱 교수님, 본서의 내용수정 및 교정에 큰 도움을 준 최형보 법학박사님, 선영화 법학박사님을 비롯한 박사과정 선배님들과 동료들, 경찰실무자료의 제공 및 분석을 통한 실증적 연구를 도와 준 경찰 동료들, 그리고 항상 많은 조언을 해주시는 경찰 선배님이시면서 선문대학교 교수님이신 김태석 박사님에게도 감사드린다. 아울러 제가 법학박사가 된 것에 대하여 너무나 좋아하시고 항상 사랑과 은혜로 희생을 아끼지 않으시는 어머님께 이 책을 바친다.

끝으로 어려운 여건 속에서도 이 책이 나오기 까지 모든 지원과 열성을 아끼지 않으신 도서출판 그린 윤덕우 사장님과 직원분들에게도 감사를 드린다.

2021년 3월

김한중

차 례

제 1 장

서론

제1장 서론

최근 데이트폭력범죄는 자신의 연인을 대상으로 살인, 강간, 성범죄 등 강력사건으로 발생되면서 사회적으로 심각한 문제가 되고 있다. 또한, 경찰청 자료를 보면 데이트폭력범죄는 지속적으로 증가되고 있는 것으로 나타나고 있다. 경찰의 데이트폭력범죄 관련 통계를 보면, 2019년 9월말 기준 신고가 15,150건으로 2018년 9월말 기준과 비교해보면 8.4%나 증가하였다. 가해자들의 연령대도 10대부터 중년 이상인 50-60대 이상 전 연령에서 증가를 보이고 있으며, 피해자들의 성별도 여성만이 아니라 남성도 증가하고 있는 것으로 나타나고 있다. 이제는 데이트폭력범죄가 특정 연령대나 성별 등에 국한되지 않고 사회전반에서 발생되고 있다는 점이 연구의 중요성을 부여하고 있다.

데이트폭력범죄가 사회문제로 거론됨에도 불구하고 지금까지의 데이트폭력범죄를 단순한 '연인 관계'에서의 '애정싸움'으로 치부하여 온 것이 우리 사회의 현실이다. 데이트폭력범죄는 112 사건 신고자료 분석(2019-2020)에 의하며, 서로 긴밀한 '연인 관계'라는 인적 관계의 특수성이 있고, 상대방에 대한 집착성과 반복성으로 인한 재범 발생이 증가하는 특성을 가지고 있다. 또한, 가해자는 자신의 연인을 상대로 하여 단순폭력을 넘어서 정신적·경제적·통제력을 행사하는 다양한 범죄유형들이 복합적으로 발생된다. 더욱이 서로간의 특수한 인적 관계는 쉽게 정리되지 않으므로 더욱 심각한 범죄로 이어지고 있는 것이다. 특히, 최근 결혼을 하지 않는 '비혼화'의 경향으로 결혼관이 변화하고 있기 때문에 그로 인하여 데이트폭력범죄는 앞으로도 증가 되면서 심각한 문제를 불러오게 될 것이다. 그러므로 데이트폭력범죄 예방과 피해자보호를 위한 대책이 더욱 절실히 필요하게 되었다. '데이트폭력범죄'란 용어는 경찰에서 사용되면서 알려진 표현으로 서로 긴밀한 사이인 '연인 사이'에서 발생하는 폭력으로 실무상 '연인 간 폭력'이라는 용어로 사용되고 있다. 즉, 자신의 연인이라는 관계로 인해, 상대방을 인격체가 아니라 내 소유물이라는 왜곡된 인식을 가진 사람들이 사회를 놀라게 할 정도의 강력사건을 자신의 연인을 대상으로 하고 있는 범죄이다. 현장실무에서 현장에 출동하여보면, 가해자에게 "왜 연인에게 폭력을 행사하냐?"라고 하면, "내껀데! 왜 상관이냐!"라고 하며 신고현장에서 공무집행방해 정도의 위력을 행사하려는 가해자도 있다. 이러한 사례를 보더라도 데이트폭력범죄가 이제는 남·녀 사이의 '애정싸움'이 아니라 명백한 범죄로 인식되어야 할 필요가 있다.

그 동안 사법기관은 성폭력과 가정폭력 등을 4대 강력범죄로 지정하여 척결한다는 목적 아래 특별법을 제정하여 규제하고 있다. 그러나 사회적 문제가 되고 있는 데이트폭력범죄의 경우에는 그동안 남·녀사이의 '애정싸움'으로 잘못 인식됨에 따라 법의 보호를 받지 못하고 있다. 이로 인하여 범죄행위가 반복적으로 일어날 뿐만 아니라 재범발생이 증가하고 있으며, 강력범죄로 발전되고 있는 실정이다. 데이트폭력범죄의 경우, 가정폭력 범죄의 특성과 비슷하게 폭력이 발생하고 난 후 가해자의 반성과 사과에 따른 피해자의 용서, 이후 다시 폭력이 반복되는 패턴으로 이어지면서 이별 후에도 발생하는 스토킹을 비롯하여 심할 경우에는 성폭행·살인 등의 강력범죄로 발전되어가는 심각한 모습을 보이고 있다. 특히, 연구결과에 따르면 데이트폭력범죄의 가해자는 자신의 연인에게 병적으로 보일 정도의 집착성을 가지고 있으며, 피해자를 자신이 마음대로 통제하고 명령할 수 있는 소유물인 것처럼 대하고, 사람에게 부당한 책임을 지우는 등 자기중심적인 사고방식을 소유하고 있다고 한다. 그 뿐만 아니라 데이트폭력범죄의 경우에는 피혐의자가 술에 취한 상태로 범행이 이루어지는 경우가 있으며, 이는 '주폭'이라고 하는 주취폭력과도 연관된다. 그러므로 데이트폭력범죄에 관한 대책을 연구함에 있어서 1차 피해뿐만 아니라 그 이후의 재범 및 강력범죄로 발전됨을 고려하여 체계적인 연구가 필요하다.

하지만 현재 우리나라는 데이트폭력범죄의 개념에 대한 명확한 정의가 정립되어 있지 않으며, 데이트폭력범죄에 관하여 사회적 관심을 가진 역사가 짧은 관계로 현재 체계적인 연구도 많이 부족하다. 따라서 데이트폭력범죄에 대한 법적·제도적 대책도 제대로 마련되어 있지 않을 뿐만 아니라 데이트폭력범죄에 대한 심각성에 대해서도 충분히 인지하지 못하고 있는 것으로 보인다. 더구나 경찰실무현장에서 많은 데이트폭력범죄 사건발생과 검거처리 등을 하고 있음에도 데이트폭력범죄의 피해자보호를 위한 제도의 미흡과 입법의 불비로 인하여 2차, 3차 피해도 발생하는 등, 피해가 가중되고 있다. 하지만 앞으로 1인 가구 수의 증가, 비혼화 경향 등이 심화될수록 데이트폭력범죄 문제는 더 심각한 사회문제로 대두될 것으로 사료된다.

이에 본서에서는 데이트폭력범죄의 개념을 명확하게 정립하고, 이를 바탕으로 데이트폭력범죄에 대한 경찰의 개선방안, 법적 개선방안, 정책적 개선방안 등 종합적인 관점에서 데이트폭력범죄의 예방, 처벌, 재범방지를 위한 효과적인 제도개선 방안을 현장실무의 경험을 바탕으로 해결방안을 제시함으로써 데이트폭력범죄를 예방·해결하며 궁극적으로 안전한 사회를 구축하는데 기여하고자 하였다.

제2장

데이트폭력범죄의 의의와 현황

제2장 데이트폭력범죄의 의의와 현황

제1절 데이트폭력범죄의 의의와 원인론

1. 데이트폭력범죄의 의의

(1) 선행연구 분석

데이트폭력범죄의 개념은 현재 치안현장에서 '연인 간 폭력'으로 지칭되고 있지만, 개념정립이 명확히 되어 있지 않음에 따라 연애폭력, 혼전폭력, 교제폭력, 데이트폭력 등으로 사용되고 있다.[1] 그러므로 선행연구된 자료들을 기초로 데이트폭력범죄의 개념정의를 분석해 보고자 한다.

데이트폭력범죄에 대한 개념은 데이트폭력범죄의 형태를 어느 범위까지 포함시킬 것인가에 따라 연구자들마다 견해가 다르다. 범죄의 수법 및 폭력방식의 변화를 생각하여 신체적·성적폭력·정서적·행동통제를 포함하는 개념으로 정의되었다.[2] 즉, 데이트폭력 범죄를 초창기에는 신체적 폭력에만 집중되었으나, 현재는 폭력 방식의 다양성으로 인하여 욕설 등 언어적 폭력과 스토킹 행위까지도 포함시키고 있다.[3] 그리고 데이트폭력의 대상에 대해서는 부부사이가 아닌 이성간에 발생하는 범죄로 동성 연인을 포함하지 않는 견해와 동성간의 교제도 데이트의 개념에 포함시키는 견해가 있다.[4] 즉, 데이트폭력범죄는

1) 한성훈, "데이트폭력에 대한 대응방안에 관한 연구", 「법학연구」 제25권 제4호, 경상대학교 법학연구소, 2017, 267면.

2) 강용길·박재풍·박원규·이춘삼, "데이트폭력의 예방 및 대응관련 쟁점사항에 관한 연구", 「치안정책연구」 제30권 제1호, 치안정책연구소, 2016, 177면.

3) 박현정, "데이트폭력의 위험요소와 대책에 관한 고찰", 「법학논총」 제22권 제2호, 조선대학교 법학연구원, 2015, 501면.

부부사이 이외 이성간에 발생하는 살인·상해·폭행·성폭행·감금·약취·유인 등을 범하는 행위로 '연인 간 폭력'이라고 지칭하고 있다. 또한 이러한 용어의 사용은 법적 정의에 의한 것은 아니지만 실무에서 통용되는 개념으로 그 성격을 이성 간에 발생한 범죄로 한정하고 있어 동성 연인간에 발생되는 데이트폭력은 데이트폭력범죄에 포함되지 않는다고 한다.[5] 반면에 데이트폭력범죄의 개념을 사회적 변화에 따라 다시 정립할 필요가 있다고 하면서 데이트폭력범죄는 결혼여부를 불문하고 남녀뿐만 아니라 동성연인 간에 발생하는 신체적폭력, 성적폭력, 정신적폭력과 스토킹 행위를 포함해야 한다는 견해가 있다.[6] 이 견해에 따르면 교제가 이루어지고 있는 상태에서 발생하는 신체적, 성적폭력, 심리적폭력을 모두 데이트폭력범죄에 해당하게 된다.

더 나아가 데이트폭력의 성립에 있어서 현재 데이트의 관계에 있어야 하는지 아니면 과거에 데이트 관계까지 포함시켜야 할지에 대해서도 견해가 나뉜다. 현재 데이트 관계에 한정시켜야 한다는 견해는 데이트폭력의 개념에 합치되기 위해서는 현재 데이트 관계가 유지되고 있어야 하고 남녀사이의 유형 또는 무형의 폭력이 행사되어야 한다고 한다.[7] 그러나 과거의 데이트 관계까지 포함되어야 한다는 견해에서는 데이트폭력범죄는 교제 중인 연인 간이나 이미 이별한 연인관계에서 일어나는 지배 복종관계를 뜻하며, 폭력의 종류 등은 가정폭력과 동일범주로 봐야 한다고 하고 있다.[8]

4) 윤상민, "데이트폭력에 대응하는 입법적 대책에 대한 검토", 「법학연구」 제16권 제4호, 한국법학회, 2016, 305면(데이트의 개념에 결혼 여부를 불문하고 남녀 사이뿐만 아니라 동성간의 교제도 포함시켜야 한다고 기술하였고, '폭력'을 데이트란 성격에서 보면 신체적 폭력뿐만 아니라 성적폭력, 정서적·언어적 폭력, 또한 심리적 폭력까지도 포함하고 스토킹 행위도 데이트폭력범죄에 포함시킬 것을 주장하고 있다).

5) 신소라, "가정에서의 방임과 성적 학대가 대학생의 데이트폭력 가해행동에 미치는 영향: 폭력허용도의 매개효과", 「한국공안행정학회보」 제26권 제1호, 한국공안행정학회, 2017, 15면.

6) 박외병, "경찰의 데이트폭력 대응방안의 문제점 및 개선방안에 관한 연구", 「한국범죄심리연구」 제14권 제3호, 한국범죄심리학회, 2018, 65면; 한성훈, 앞의 논문, 267면.

7) 홍태경, "대학생들의 데이트폭력 가해실태와 가해요인에 관한 연구", 「한국치안행정논집」 제15권 제2호, 한국치안행정학회, 2018, 497면.

8) 배상균, "일본의 데이트폭력 문제와 예방에 관한 검토", 「법과 정책연구」 제17권 제3호, 한국법정책학회, 2017, 5면.

(2) 국회 입법발의안의 데이트폭력범죄 개념

데이트폭력범죄가 사회적 문제로 거론되면서 제20대부터 제21대 국회에서는 이를 해결하기 위한 입법발의가 활발히 이루어졌다. 따라서 각 입법안에서 정의하고 있는 데이트폭력의 개념을 보면 다음과 같다.

첫째, 표창원 의원이 대표발의 한 '데이트폭력 등 관계 집착 폭력 행위의 방지 및 피해자 보호에 관한 법률안'[9]에서는 "교제 관계에 있거나 있었던 사람이 상대방에게 그 의사에 반하여 생명·신체·재산에 위해를 가하는 행위"로 정의하였다. 둘째, 신보라 의원이 대표발의 한 '데이트폭력 방지 및 피해자보호 등에 관한 법률안'과 '데이트폭력범죄 처벌 등에 관한 특례법안'[10]에서는 데이트폭력의 개념을 "서로 합의하여 교제관계에 있거나 있었던 사람 중 한 명 이상에 의하여 발생하는 신체적·정서적·경제적 폭력이나 그 위협"으로 정의하였다. 셋째, 박남춘 의원이 대표발의 한 '데이트폭력범죄의 처벌 등에 관한 특례법안'[11]에서는 데이트폭력의 개념을 "데이트관계에 있는 성인 또는 미성년자가 서로 합의없이 한 사람이 일방적으로 상대방에게 해를 끼칠 의도를 가지고 하

9) 표창원의원등 24인은 "데이트폭력은 주로 긴밀한 인적 관계에서 발생하기 때문에 장기간 지속되거나 은폐되어 피해가 가중될 위험이 있음에도 불구하고, 피해자가 이를 회피하거나 보호를 요청할 법적 수단이 거의 없는 실정 등"을 이유로 2017년 8월 8일에 '데이트폭력 등 관계집착 폭력행위의 방지 및 피해자 보호에 관한 법률안'(의안번호:2008429, 2017.8.8입법발의)을 제안하였다.

10) 신보라의원등 13인은 "최근 동거녀 살인사건 등 데이트폭력으로 인한 강력범죄 피해가 계속 발생하면서 심각한 사회문제로 대두되고, 가정폭력과 성폭력에 대해서는 처벌법을 통하여 엄격히 규율하고, 피해자를 보호·지원하는 근거 또한 피해자 보호 및 방지법에 마련되어 있는 반면, 혼인을 전제로 하지 않은 연인관계에서 발생하는 데이트폭력에 대해서는 폭력의 정도가 살인에 이르는 등 피해자에게 미치는 정신적·신체적 영향이 매우 심각함에도 이를 연인관계에서 발생하는 사랑싸움 정도로 치부해왔던 것이 현실임"을 이유로 2017년 11월 1일에 '데이트폭력 방지 및 피해자보호 등에 관한 법률안'(의안번호:2009972, 2017.11.1입법발의)과 신보라의원등 11인이 데이트폭력범죄의 처벌 및 절차에 관한 특례로 '데이트폭력범죄 처벌 등에 관한 특례법안'(의안번호:2009973, 2017.11.1입법발의)을 제안하였다.

11) 박남춘의원등 12인은 "우리사회는 데이트폭력을 경미한 범죄라고 취급하여 별다른 대책을 강구하지 않음에 비해 최근 데이트폭력의 피해 인원이 상당한 수준이고(2015년 기준 7,500명), 더욱이 데이트폭력 이후의 살인·자살·강간·상해 등의 심각한 2차 범죄로 확대 재생산되는 사례가 증가하고 있으나, 데이트폭력범죄가 폐쇄적인 관계에서 발생하여 국가가 인식하거나 개입하는 데 한계가 있어 현행 형사법 체계로는 이를 근절하기 어렵기 때문에 데이트폭력범죄 조사·수사, 피해자 보호, 데이트폭력범죄행위자의 수강·상담·치료 등 데이트폭력범죄의 형사처벌 절차에 관한 특례를 정함으로써 데이트폭력범죄자의 성행을 교정하고, 데이트폭력범죄로부터 피해자를 보호"하기 위함을 이유로 2017년 12월 11일에 '데이트폭력범죄의 처벌등에 관한 특례법안'(의안번호:2010755, 2017.12.11입법발의)을 제안하였다.

는 신체적, 정신적, 또는 재산상 피해를 수반하는 행위"로 정의하였다. 넷째, 함진규 의원이 대표발의 한 '데이트폭력범죄 처벌 등에 관한 특례법안'[12]에서는 데이트폭력의 개념을 "서로 합의하여 교제관계에 있거나 있었던 사람 중 한 명 이상에 의하여 발생하는 신체적·정서적·경제적 폭력이나 그 위협"으로 정의하였다.

다섯째, 윤영석 의원이 대표발의 한 '데이트폭력등 방지 및 피해자보호 등에 관한 법률안'[13]에서는 "데이트폭력등이란 서로 합의하여 교제관계에 있거나 있었던 사람 사이의 신체적·정서적 폭력 또는 위협이나, 상대방의 명시적 의사에 반하여 지속적으로 접근을 시도하여 면회 또는 교제를 요구하거나 지켜보기, 따라다니기, 잠복하여 기다리기 등의 행위를 반복하여 하는 행위"를 말하며, "데이트폭력등범죄란 데이트폭력등으로서 「형법」 상 관련 범죄에 해당하는 죄"로 정의(안 제2조 제1호 및 제2호)하고 있다.

12) 함진규의원 등 10인은 "최근 연인을 대상으로 한 범죄가 끊임없이 발생하고 있지만, 이를 애인사이에서 발생하는 사적인 문제로 취급하는 등 데이트폭력에 대한 인식부족으로 그 피해가 근절되지 못하고 있고, 현재 데이트폭력과 관련하여 별도의 처벌규정은 없고 데이트폭력의 경우 통상적인 폭력범죄로 처벌이 이루어지고 있는데, 데이트폭력에 의한 살해 등 강력범죄 피해자가 증가하고 있는 현실을 고려할 때, 현행 법 체계의 사각지대에 있는 데이트폭력을 규율할 수 있는 별도의 법체계가 필요하다. 한편, 연구자료에 의하면 2005년부터 2014년까지 연인을 상대로 한 폭력이 매년 평균 7,150건 발생하였고, 이 중 전과자의 비율이 76.6%에 이르는바, 연인 간에 상대방의 전과정보를 조회할 수 있게 하여 스스로 범죄를 예방할 수 있도록 영국의 '가정폭력전과공개제도(클레어법)'를 도입할 필요가 있다는 지적이 있다. 이에 데이트폭력범죄의 형사처벌 절차에 관한 특례를 정함으로써 데이트폭력범죄를 예방하고 데이트폭력범죄로부터 피해자를 보호"하기 위한 이유로 2017년 12월 18일에 '데이트폭력범죄 처벌 등에 관한 특례법안'(의안번호:2010900, 2017.12.18입법발의)을 제안하였다; 김한중·강동욱a, "데이트폭력의 실태와 그 대책방안 -일선 경찰관의 관점에서-", 「법과 정책연구」 제19권 제2호, 한국법정책학회, 2019, 184-185면.

13) 윤영석의원등 10인은 "최근 연인 등 친밀한 관계 사이에서 발생하는 데이트폭력이나 스토킹과 같은 지속적 괴롭힘이 살인 등 강력범죄로 이어지는 경우가 많아 이에 대한 사회적 관심이 높아지고 있는 상황이지만, 가정폭력과 성폭력에 대해서는 관련 법률이 제정되어 폭력행위자에 대한 처벌과 피해자 보호가 이루어지고 있는 반면에, 연인 관계에서 발생하는 데이트폭력이나 스토킹에 대해서는 별도의 법률이 없는 실정이다. 이에 데이트폭력등 예방교육의 실시, 피해자지원기관의 운영, 피해자보호 등에 필요한 사항을 규정함으로써, 데이트폭력등을 예방·방지하고 데이트폭력등의 피해자를 보호·지원"하기 위한 이유로 2020년 11월 10일에 '데이트폭력등 방지 및 피해자보호 등에 관한 법률안(의안번호:2105177, 2020.11.10. 입법발의)을 제안하였다.

(3) 소결

데이트폭력범죄는 사회적 문제로 대두되면서 학문적 연구가 활발히 이루어지기 시작하였고, 이와 더불어 국회에서는 데이트폭력범죄에 대한 특별법을 제정하려는 노력이 이루어지고 있다. 앞에서 살펴본 선행연구에서는 공통적으로 데이트폭력범죄의 정의에 신체적·정신적·성적·심리적인 폭력 등을 포함하고 있다. 하지만 데이트폭력의 상대방이 동성인지 이성간인지에 대해 견해가 나뉘고 있을 뿐만 아니라 폭력행위가 있는 시점에 서로의 관계가 데이트 관계에 있는 경우에만 데이트폭력범죄에 해당하는지 아니면 과거에 데이트 관계에 있었던 사이까지 포함시킬 것인지에 대해서 입장이 나뉘고 있다. 따라서 데이트폭력범죄를 정의할 때에는 우선적으로 데이트 관계의 범위에 대한 설정이 필요하다.

치안현장에서는 데이트폭력범죄와 유사한 형태를 지니고 있는 가정폭력사건의 경우 사건관련자들이 자신들의 관계가 법률혼이 아닌 사실혼[14)]이라고 주장하는 경우에 신고현장에서 그 관계인들로 하여금 '사실혼관계 체크리스트'를 작성하도록 하여 단순동거인지 아니면 사실혼관계 인지를 파악한 후에 사건을 처리하고 있다. 그 이유는 사실혼의 경우는 「가정폭력범죄의 처벌 등에 관한 특례법」(법률 제14962호, 시행 2017. 10. 31. ; 이하 '가정폭력처벌법'이라 한다)이 적용[15)]되지만 단순동거의 경우에는 「형법」의 일반폭행죄 등이 적용되기 때문이다. 즉, 사건을 처리하기 위해서는 당사자의 인적 관계에 따라 적용되는 법률이 다르기 때문에 그 관계의 설정이 중요한 기준이 되는 것이다. 하지만 데이트폭력범죄의 경우에는 가정폭력과 달리 인적 관계를 어디부터 인정할 것인지에 대한 판단이 쉽지 않다. 최근 데이트폭력범죄는 인적 관계에 있어서 미

14) 대법원 2008. 2. 14. 선고 2007도3952 판결(법원은 사실혼에 해당되어 법률혼에 준하는 보호를 받기 위하여는 "단순한 동거 또는 간헐적인 정교관계를 맺고 있다는 사정만으로는 부족하고, 그 당사자 사이에 주관적으로 혼인의 의사가 있고 객관적으로도 사회관념상 가족질서적인 면에서 부부공동생활을 인정할 만한 혼인생활의 실체가 존재하여야 한다"고 결정하였다).

15) 가정폭력처벌법 제2조 제2호에서는 "가. 배우자(사실상 혼인관계에 있는 사람을 포함한다. 이하 같다) 또는 배우자였던 사람"을 가정구성원으로 정의하고 있다.

혼·기혼, 남녀노소를 가리지 않고 다양한 계층에서 다양한 범죄행위로 발생되고 있다. 그러므로 데이트폭력범죄에 데이트 관계인 '연인'의 범위를 미혼남녀뿐만 아니라 기혼자의 불건전한 교제도 포함되어야 하며,[16] 더 나아가 동성끼리 교제하는 경우까지 포함시킬 필요가 있다.[17] 또한 데이트폭력범죄에서 '연인' 관계의 시간적 범위와 관련하여 이별 후에 발생하는 폭력범죄를 데이트폭력범죄인 '연인 간 폭력'으로 인정할 것인지, 아니면 일반적인 폭력사건으로 처리해야 하는지에 대해 실무상 문제로 제기 될 수 있지만 이별 후에 연인이었던 자가 찾아와 폭력을 행사할 경우가 발생되기 때문에 과거의 연인 관계도 포함되어야 한다.[18] 그리고 폭력행위의 범위는 신체적 폭력뿐만 아니라 언어적 폭력,[19] 성적 폭력, 정서적 학대까지 확대하여야 한다.

따라서 본 논문에서는 데이트폭력범죄란 "혼인관계의 유·무와 상관없이 이성 또는 동성간에 교제중이거나 과거 연인관계에서부터 발생하는 생명·신체·언어적 폭력, 정서적·성적 폭력 그리고 행동통제, 경제적 폭력"으로 정의한다.

2. 데이트폭력범죄의 원인론

(1) 사회구조적이론

사회구조적이론(Sociocultural Theory)은 여성주의적 분석에 따른 여성주의이론(Feminist Theory)과 강제적 통제에 기초한 강제이론(Coercion Theory)으로 크게 나눠서 설명된다.[20]

16) 박현정, 앞의 논문, 501면.

17) 윤상민, 앞의 논문, 305면.

18) 이영돈a, "데이트폭력에 대한 경찰의 대응방안 연구", 「경찰법연구」 제16권 제1호, 한국경찰법학회, 2018, 155면.

19) 김한중·강동욱a, 앞의 논문, 190면(데이트폭력범죄 112범죄신고 현장에서 연인 간에 욕설 등 언어폭력이 발생한 경우, 현재 「형법」상 모욕죄가 인정되기 위해서는 '공연성'이 구성요건으로 되어 있으므로 공연성이 인정되지 않는 장소에서의 '연인 간 욕설' 등 언어적 폭력을 처벌하지 못하는 한계가 있기 때문이다. 이런 이유로 데이트폭력범죄 112 신고현장에 경찰관이 현장출동한 경우 피해를 당한 사람들은 "그럼 내가 가해자(연인)에게 계속 욕을 먹고 있어야 되느냐"며 현재의 법과 제도가 문제가 있다는 점을 지적하고 있다는 점을 고려해 볼 때, 욕설과 모욕 등의 정도가 심한 경우에는 이를 데이트폭력범죄에 포함시켜 처벌하고 피해자를 보호할 필요가 있다).

여성주의 이론은 여성주의적 분석에 중점을 맞춘 이론으로 폭력은 가부장적 사회구조의 결과로서 이성간 권력에 대한 싸움이며, 남성은 여성을 지배하고 여성은 남성에 순종이라는 예로부터 내려오는 권력구조가 표현된 것이라고 한다.[21] 그러므로 데이트폭력범죄는 성적으로 대등하지 않은 사회·제도적 권력구조관계에서 남성이 여성에 대해 통제력을 행사하는 것으로 설명하고 있다.[22] 그리고 강제이론의 강제적 통제는 격리, 협박, 통제로 이루어지며, 사회경제적 자원배분의 영향력을 받게 된다.[23] 이를테면 사회구조의 형태가 남성이 여성보다 자원의 배분이 많이 되는 사회구조의 불평등 때문에 경제원리가 중심이 되는 사회에서 주로 여성보다 남성이 상대방의 자유를 제한하기 위한 방법으로 신체적·언어적 폭력을 행사하게 되는 것이다. 남성은 지배적이고 자기 주장적이면서 독립적이고 경쟁적인 역할을 하도록 기대하는 반면에, 여성은 친절하고 애정적인 역할을 하도록 기대하는 성역할의 고정관념이 있다. 이 이론에서 주장하는 것과 같이 데이트폭력범죄 현장에 출동해 보면, 가해자인 남성이 자신의 연인인 여성을 자신의 소유물인 것처럼 대하는 경험을 하는 경우가 있다. 이런 가해자의 행동들은 사회적·성적으로 그동안 불평등한 사회적·제도적 관계에서 나타나는 현상으로 남성이 여성에 대해 권력과 통제력을 행사하는 이유로 설명될 수 있을 것이다.

사회구조적이론은 남성우위사상을 전제로 하고 있지만, 1970년대 후반부터 서구의 여성운동의 영향을 받으면서 여성들의 교육수준이 향상됨에 따라 경제활동에 참여하는 여성들이 증가하게 되었다.[24] 아울러 사회적으로 여성의 권

20) 홍영오, "성인의 데이트폭력 가해요인", 「형사정책연구」 제28권 제2호, 한국형사정책연구원, 2017, 326면.

21) Shorey, R. C., Cornelius, T. L., & & Bell, K. M. (2008). A critical review oftheoretical frameworks for dating violence: Comparing the dating andmarital fields, *Aggression & Violent Behavior*, 13, 185-194(홍영오, 앞의 논문, 326면 재인용).

22) Dardis, C. M/ Dixon, K. J/ Edwards, K. M/ Turchik, J. A, "AnExamination of the Factors Related to Dating Violence PerpetrationAmong Young Men and Women and Associated Theoretical Explanations : A Review of the Literature", *Trauma, Violence, & Abuse* 16(2), 2015, pp. 136-152.

23) Dardis, C. M/ Dixon, K. J/ Edwards, K. M/ Turchik, J. A, 앞의 논문, pp. 136-152(홍영오, 앞의 논문 326면에서 재인용).

익증진을 위한 제도적 조치들이 시행되었고, 그 결과 양성평등의 가치관이 급속도로 확산되어 남성우위의 사회구조에서 탈피하고 있다. 그래도 아직까지 한국사회는 유교문화의 영향으로 특히 가부장의 권위를 중시하는 전통적인 성역할이 잔재되어 있다.[25] 이러한 전통적인 성역할의 잔재가 현대사회의 여성의 인권과 충돌되면서 데이트폭력범죄까지 이어지는 것으로 분석된다.

(2) 사회학습이론

사회학습이론은 사람의 행동은 관찰과 모방 및 모델링으로부터 이루어진다는 것이다.[26] 인간의 공격성은 학습에 의한 것으로 주로 가장 쉽게 접하게 되는 가족 또는 주변 환경이나 대중매체에서 폭력적으로 행동하는 타인을 관찰하는 경우 행동모델링(behavior modeling)의 과정을 통하여 공격적인 행동을 하는 것이다.[27] 행동모델링은 아이들이 성인이 인형을 대상으로 공격적인 행동을 하는 비디오를 시청한 후 공격적인 행동과 유사한 행동을 하는 것과 같이 타인의 행동을 관찰하는 것만으로 유사하게 행동하게 할 가능성이 높다는 것이다.[28] 게다가 사회학습이론에 따르면 자신의 주변에서 가장 접촉하기 쉬운 친구의 영향을 가장 많이 받고 있으며, 나이가 많을수록 학습효과가 증가되는 것으로 나타났다.[29] 그러므로 데이트폭력범죄를 사회학습이론에 적용하면 데

24) 손강숙·정소미, "여대생의 성역할 고정관념과 데이트폭력 허용도의 관계에서 성적 자기주장의 매개효과", 「한국심리학회지: 여성」 제21권 제3호, 한국여성심리학회, 2016, 443면(성역할 고정관념이 높은 대학생이 낮은 대학생보다 성폭력 허용도가 높다는 연구결과가 있다).

25) 김소정, "성역할 고정관념에 영향을 미치는 요인: 성인기 인구 집단을 중심으로", 「사회복지연구」 제44권 제1호, 한국사회복지연구회, 2013, 89-90면.

26) Bandura, A. (1977). Social Learning Theory. New York: Ceneral Learning Press(홍영오, 앞의 논문 327면에서 재인용).

27) 에이커스·셀러스·제닝스(민수홍·박강우·기광도 역), 「범죄학 이론」, 나남출판, 2017, 171-180면.

28) 박지선, 「범죄심리학」, 도서출판 그린, 2018, 25면.

29) 황성현, "청소년 흡연·음주행위의 원인에 대한 비행이론적 접근: 일반긴장이론과 사회학습이론을 중심으로", 「보건과 사회과학」 제32권 제32호, 한국보건사회학회, 2012, 30면(연구결과에 따르면, "흡연과 음주행위를 하는 친구와의 접촉이 잦으면 잦을수록, 학교규칙을 잘 안 지키거나 학교 시설을 내것처럼 아끼지 않을수록, 흡연과 음주가 건강에 나쁘지 않다고 생각할수록 흡연과 음주를 많이 하는 것"으로 드러났다. 또한 연령이 증가할수록 음주친구의 효과크기는 증가하는 것으로 나타났다. 이러한 효과는 음주친구들끼리 친구가 되었기 때문에 발생하는 동류선호 효과이기 보다는, 음주친구와의 접촉을 통해 음주를

이트 상대에 대한 폭력 역시 관찰, 모방, 모델링을 통해 학습된 행동이며,[30)] 사회구성원들 간의 상호작용을 통해 학습된 범죄라고 할 수 있다.[31)]

그리고 사회학습 이론과 관련하여 차별적 접촉이론[32)]을 빼놓을 수 없다. 차별적 접촉이론은 장 가브리엘 타르드(Jean Gabriel Tard)의 '모방의 법칙'을 확장한 이론이라 할 수 있으며, 일상에서의 학습과정을 범죄의 영역으로 확대시켰다. 이 이론은 범죄행위가 주로 가족이나 친구 등 소중한 사람들과의 상호작용 속에서 학습된 것이라고 설명한다. 이를 테면 부모가 자녀를 양육하는 과정에서 자녀는 부모의 언어와 행동을 학습하게 되며, 자신의 부모로부터 학습된 기억이 자라면서 언어와 행동으로 표출되게 된다. 즉, 자녀는 부모로부터 언어, 식습관, 개인위생, 그 외 다수의 행동양식뿐만 아니라 폭력적인 언어와 행동까지도 학습된다는 것이다.[33)]

따라서 사회학습 이론에 의하면 주로 가족이나 주변 환경 또는 대중매체를 통한 폭력적 행동의 관찰은 행동모델링의 과정을 거쳐 데이트폭력으로 표출될 수 있다.

(3) 애착이론

애착이론은 양육자와 유아간의 정서적 유대관계에서 유아가 가지게 되는

학습하여 시작하게 되는 확산효과의 성격을 띠고 있을 가능성을 반영하는 결과일 것이다); 임정재, "음주친구가 청소년의 음주시작에 미치는 영향: 사회학습이론과 친구연결망 효과를 중심으로", 「보건과 사회과학」 제41권 제41호, 한국보건사회학회, 2016, 122면.

30) Bandura A. (1977). *Social Learning Theory*. New York: Ceneral Learning Press(홍영오, 앞의 논문, 327면에서 재인용).

31) Akers R. L, "Social Learning and Social Structure: A General Theory of Crime and Deviance", Boston: Northeastern University Press, 1998, p. 51.

32) 차별적 접촉이론은 에드윈 H. 서덜랜드(Edwin H. Sutherland)가 비행행위를 설명하는 이론으로 차별적 교제가 범죄의 원인이며, 학습은 친밀한 관계의 사람들간의 상호작용을 통하여 발생된다는 이론이다. 그러나 비행행위를 한 후에 비행친구와의 접촉이 이루어지는지 아니면 비행친구와의 접촉 때문에 비행행의를 하는 것인지에 대한 설명이 미흡하다는 비판을 받는다.

33) Stephen Brown·Finn-Aage Esbensen·Gilbert Geis(황의갑·기광도·김용근·류준혁·박지선·윤우석·이봉한·이상문·이창한·이창훈·정덕영·정진성·조윤오, 「범죄학」, 도서출판 그린, 2015, 357-361면(학습적 관점에서는 법위반에 대한 가치, 규범, 그리고 동기가 타인과의 상호작용을 통해 획득된다고 가정한다. 범죄의 복잡성 정도에 따라 내용이 다양하기는 하지만 필요한 기술과 기법들 또한 학습된다).

'애착'은 사회적 발달에 중요한 역할을 하게 되고, 양육자와 유아 간에 형성되는 정서적 결속으로 모성의 박탈이 유아에게 얼마나 치명적인 영향을 주는가에 대한 연구에서 발달되었다. 또한 유아기에 가지는 애착이 성인기까지 영향을 미치게 됨으로써 성인애착으로 발전하게 된다.[34)] 존 보울비(John Bowlby)는 애착을 크게 안정(Secure) 애착과 불안정(Insecure) 애착으로 구분하고, 불안정 애착은 다시 불안정-회피(Insecure-Avoidant), 불안정-양가적(Insecure-Ambivalent), 불안정-혼동(Insecure-Disorganized)으로 세분화 하였다.

영유아기는 생애의 다른 시기와 비교해 봤을 때 적응능력은 상대적으로 부족하지만, 발달의 잠재력이 가장 큰 시기이므로 생애발달 중에서도 평생을 살기 위한 기반을 형성하는데 매우 중요한 시기이다.[35)] 영유아기의 발달적 특징을 보면, 출생과 더불어 여러가지 반사운동을 시작하게 되면서 연령별 신체·운동의 발달이 현저하게 나타나고, 주 양육자와의 신뢰관계 속에서 사회성이 발달하면서 애착형성이 이루어진다. 안정적으로 애착이 형성된 사람은 이성관계에서도 건설적인 접근이 이루어지지만,[36)] 그렇지 않고 애착회피나 애착불안 등 애착이 불안정적으로 형성된 사람은 이성 관계에서도 불편감 등 부정적인 감정을 더 많이 표출하는 것으로 보고되고 있다.[37)] 또한 데이트폭력범죄의 가해자의 경우에도 영유아기를 포함한 성장과정에서 가족에 의한 신체적 학대를 당한 경험이 있는 경우에 이성교제중인 상대방에게 같은 행동을 되풀이할 가능성이 높았다.[38)] 외상이라고 불리는 심리적 충격은 성인과 같이 아동·청소

34) 안은별·임수진, "성애착에 따른 데이트폭력 대처방식 : 정서인식명확성의 매개효과", 「한국범죄심리연구」 제15권 제4호, 한국범죄심리학회, 2019, 58면.

35) 문영희, "아동학대와 영유아 발달", 「아동보호연구」 제4권 제1호, 한국아동보호학회, 2019, 20-23면(영유아기는 신체적의 발달과 더불어 공동생활에 필요한 생활습관이 형성되는 시기로 생애 전체에 영향을 미치게 되고, 이 시기에 조화로운 발달이 형성되지 않으면 장차 되돌리기 어렵게 될 정도로 중요한 시기이다).

36) Pistol M. Carole, "Attachment in adult romantic relationships: Style of conflict resolution and relationship satisfaction", *Journal of Social and Personal Relationships, 1989,* pp. 505-510.

37) S. Y. Oh/ Y. H. Kim. "Adult Attachment Style & Dating Relationships in University Students", *Journal of Korean Family Relations Association* 11(2), 2006, pp. 22-57; Hazan C./ Shaver P. R, "Attachment as an organizational framework for research on close relationships", *Psychological inquiry* 5(1), 1994, pp. 1-22(안은별·임수진, 앞의 논문, 58면에서 재인용).

38) O'keefe, M, "Predictors of dating violence among high school students", journal of

년 시기에 일상생활에서 많이 발생하고 있으며, 이 시기에 받은 심리적 충격은 성인에 비하여 증상이 평생 동안 이어질 수 있을 뿐만 아니라 성인의 스트레스 반응과 다르게 나타나는 이유로 치료가 늦어지는 문제가 있다.[39] 그러므로 아동기 정서적 학대를 받은 경험이 있는 사람은 다른 요인들과의 결합을 통해 이후의 삶까지 지속되며, 개인이 초기 성인기의 '친밀감 획득'에 부정적으로 작용할 수 있다. 위와 같은 점에서 미루어 볼 때, 아동기에 정서적 학대를 경험한 개인은 강한 정서적 유대감을 필요로 하는 연인관계의 형성에 어려움이 따를 것으로 예상할 수 있다. 실제로 많은 연구들에서 아동기 정서적 학대경험은 정서조절, 정서인식, 정서표현 등의 정서적 차원에 부정적인 영향을 미침으로써 개인으로 하여금 이성 관계에서 더 많은 갈등을 경험하게 한다는 결과가 나왔다.[40]

따라서 애착이론을 기초로 데이트폭력범죄를 보면, 유아·청소년 시기에 올바른 정서 및 애착형성이 되지 않을 경우에는 성인이 되어도 불안정하고 공격적인 대인관계를 가질 수 있다고 볼 수 있으며, 더 나아가 데이트폭력범죄의 발생의 원인에 영향을 준다고 볼 수 있다.

Interpersonnal Violence, 12(4), 1997, pp 546-568(부정적인 이성 관계를 설정하는 사람의 경우에는 직접 학대를 경험한 경우뿐만이 아니라 부모간의 폭력을 목격한 간접폭력에 노출된 경우에도 같은 영향을 받았다).

39) 안현의, "청소년의 심리적 외상에 관한 탐색적 연구 : 외상후 스트레스 증상과 성격 특성을 중심으로", 「한국심리학회지: 상담 및 심리치료」 제17권 제1호, 한국상담심리학회, 2005, 219면.

40) 손일영·김해란, "아동기 정서적 학대경험과 대학생들의 데이트 폭력 피해간의 관계 : 정서표현 양가성의 매개효과", 「청소년학연구」 제25권 제1호, 한국청소년학회, 2018, 116면.

제2절 데이트폭력범죄의 현황 및 특성

1. 데이트폭력범죄의 현황

(1) 데이트폭력범죄의 형사입건 현황

최근 4년간 데이트폭력범죄의 형사입건 현황을 보면 다음과 같다(〈표 2-1〉 참조).

데이트폭력사건으로 입건된 건수는 2016년에는 총 9,364건 중 8,367(89.4%)건이며, 2017년에는 14,136건 중 10,303(72.9%)건이고, 2018년에는 18,671건 중 10,245(54.9%)건이며, 2019년 9월까지는 15,150건 중 7,445(49.1%)건으로 나타나고 있다.

〈표 2-1〉 데이트폭력범죄의 형사입건 현황 (단위 : 건, %)

구분	2016년	2017년	2018년	2019년 9월
신고건수	9,364 (100)	14,136 (100)	18,671 (100)	15,150 (100)
입건	8,367 (89.4)	10,303 (72.9)	10,245 (54.9)	7,445 (49.1)
미입건	997 (10.6)	3,833 (27.1)	8,426 (45.1)	7,705 (50.9)

※ 출처 : 2019년 치안정책연구소, 「치안전망 2020」의 자료를 참조하여 재구성함.

이러한 현황을 종합하여 살펴보면, 데이트폭력범죄의 발생건수가 해를 거듭할수록 증가하고 있지만, 형사입건으로 처리되는 건수는 점차적으로 줄어들어 2019년 9월까지의 현황에서는 총 신고건수의 절반도 못 미치고 있다. 이러한 데이트폭력범죄사건의 형사입건 건수의 감소요인은 현행법상 데이트폭력사건이 반의사불벌죄로 입건여부는 사건의 신고접수 후 수사 중에도 피해자의 처벌의사의 여부에 의해 결정된다. 그러므로 데이트폭력범죄는 데이트관계에서 발생되는 범죄로 상대방간의 정적인 인적 관계가 매우 강하기 때문에 피해자가 처벌의사를 취소하는 사례가 대부분인 것으로 보인다. 이러한 데이트폭력범죄에 대한 피해자의 불처벌 의사는 해당사건을 조사 및 수사 중인 경찰인력의 낭비를 가져오게 될 뿐만 아니라 가해자로 하여금 피해자를 악용하는 사례가 발생될 위험을 초래할 수 있다.

한편으로 데이트폭력범죄는 최근 4년간 꾸준히 증가하고 있는 반면에 데이트폭력범죄에 대응할 수 있는 법률이 없는 관계로 실무에서는 사건처리를 함에 어려움을 겪고 있는 실정이다.

(2) 데이트폭력범죄의 유형별 현황

최근 4년간 데이트폭력범죄의 유형별 현황을 보면 다음과 같다(〈표 2-2〉 참조).

데이트폭력범죄가 폭행·상해로 인한 경우는 2016년에는 6,233(74.5%)명이며, 2017년에는 7,552(73.3%)명, 2018년에는 7,461(72.8%)명, 2019년 9월까지는 5,324(71.5%)명으로 나타났다.

체포·감금·협박에 인한 경우는 2016년에는 1,017(12.2%)명이며, 2017년에는 1,189(11.5%)명, 2018년에는 1,089(10.6%)명, 2019년 9월까지는 812(10.9%)명으로 나타났다.

성폭력으로 인한 경우는 2016년에는 224(2.7%)명이며, 2017년에는 138(1.3%)명, 2018년에는 99(1.0%)명, 2019년 9월까지는 72(1.0%)명으로 나타났다.

살인·살인미수로 인한 경우는 2016년에는 52(0.6%)명이며, 2017년에는 67(0.7%)명, 2018년에는 42(0.4%)명, 2019년 9월까지는 23(0.3%)명으로 나타났다.

주거침입에 의한 경우는 2016년에는 없었으며, 2017년에는 481(4.7%)명, 2018년에는 707(6.9%)명, 2019년 9월까지는 585(7.9%)명으로 나타났다.

경범 등 기타범죄에 의한 경우는 2016년에는 841(10.0%)이며, 2017년에는 876(8.5%)명, 2018년에는 847(8.3%)명, 2019년 9월까지는 629(8.4%)명으로 나타났다.

〈표 2-2〉 데이트폭력범죄의 유형별 현황 (단위 : 명, %)

구분	2016년	2017년	2018년	2019년 9월
합계	8,367 (100)	10,303 (100)	10,245 (100)	7,445 (100)
폭행·상해	6,233 (74.5)	7,552 (73.3)	7,461 (72.8)	5,324 (71.5)
체포·감금·협박	1,017 (12.2)	1,189 (11.5)	1,089 (10.6)	812 (10.9)
성폭력	224 (2.7)	138 (1.3)	99 (1.0)	72 (1.0)
살인·살인미수	52 (0.6)	67 (0.7)	42 (0.4)	23 (0.3)
주거침입	-	481 (4.7)	707 (6.9)	585 (7.9)
경범등 기타	841 (10.0)	876 (8.5)	847 (8.3)	629 (8.4)

※ 출처 : 2019년 치안정책연구소, 「치안전망 2020」의 자료를 참조하여 재구성함.

이러한 현황을 종합하여 살펴보면, 일반범죄에서도 가장 많이 발생되고 있는 폭행·상해에 의한 데이트폭력범죄가 가장 높은 것으로 나타났으며, 그 다음으로 경범 등 기타범죄를 제외하고 체포·감금·협박, 주거침입, 성폭력, 살인·살인미수의 순으로 나타났다.

데이트폭력범죄의 유형별 현황에서의 특이점으로는 주거침입으로 인한 범죄가 계속적으로 증가하는 모습을 보이고 있다. 이는 데이트폭력범죄의 인적관계의 특성과 연결시켜 볼 수 있다. 가해자와 피해자가 데이트 관계에서 상호간의 연락처, 주소 등의 개인정보가 공유되어짐에 따라 SNS(Social Network Service)를 통하여 그 주변 가족 및 친구의 개인정보까지 공유되어지는 경우가 대부분이다. 이 경우 가해자는 피해자가 연락을 피할 경우에 자신이 수집된 정보의 주거로 침입하는 사례가 발생한다. 이로 인해 치안 현장에서는 당해 피해자뿐만 아니라 그 주변의 피해자 가족들로 하여금 피해자보호를 강화해 달라는 요구를 받고 있다.

(3) 데이트폭력범죄 피혐의자의 연령별 현황

최근 4년간 데이트폭력범죄 피혐의자의 연령별 현황을 보면 다음과 같다

(〈표 2-3〉 참조).

2016년에는 피혐의자 총 8,810명 중 10대가 277(3.2%)명, 20대가 2,799(31.8%)명, 30대가 2,336(26.6%)명, 40대가 1,828(20.7%)명, 50대가 1,237(14.0%)명, 60대 이상에서는 333(3.7%)명으로 나타났다.

2017년에는 총 11,380명 중 10대가 315(2.8%)명, 20대가 3,873(34.0%)명, 30대가 2,868(25.2%)명, 40대가 2,276(20.0%)명, 50대가 1,625(14.3%)명, 60대 이상에서는 423(3.7%)명으로 나타났다.

2018년에는 총 13,609명 중 10대가 431(3.2%)명, 20대가 4,805(35.3%)명, 30대가 3,569(26.2%)명, 40대가 2,532(18.6%)명, 50대가 1,750(12.9%)명, 60대 이상에서는 522(3.8%)명으로 나타났다.

2019년에는 총 13,348명 중 10대가 372(2.9%)명, 20대가 4,781(35.8%)명, 30대가 3,395(25.4%)명, 40대가 2,445(18.3%)명, 50대가 1,811(13.6%)명, 60대 이상에서는 544(4.0%)명으로 나타났다.

〈표 2-3〉 데이트폭력범죄 피혐의자의 연령별 현황 (단위 : 명, %)

구분	2016년	2017년	2018년	2019년
합계	8,810 (100)	11,380 (100)	13,609 (100)	13,348 (100)
10대	277 (3.2)	315 (2.8)	431 (3.2)	372 (2.9)
20대	2,799 (31.8)	3,873 (34.0)	4,805 (35.3)	4,781 (35.8)
30대	2,336 (26.6)	2,868 (25.2)	3,569 (26.2)	3,395 (25.4)
40대	1,828 (20.7)	2,276 (20.0)	2,532 (18.6)	2,445 (18.3)
50대	1,237 (14.0)	1,625 (14.3)	1,750 (12.9)	1,811 (13.6)
60대 이상	333 (3.7)	423 (3.7)	522 (3.8)	544 (4.0)

※ 출처 : 경찰청 내부자료, 데이트폭력(연령대별) 정보공개청구 (2020.04.10.)의 ※ 출처 : 자료를 참조하여 재구성함.

이러한 현황을 종합하여 살펴보면, 데이트폭력범죄가 10대부터 60대까지 골고루 분포되어 있지만, 특히 20대부터 40대에 집중되어 있는 것을 알 수 있다. 그 원인으로는 20대에서는 남녀사이의 데이트관계의 형성이 자연스럽게 이루어지고, 30대에서 40대에서는 혼인을 전제로 만남이 많이 이루어지기 때문에 그에 따른 범죄의 발생확률도 증가하는 것으로 분석된다. 더욱이 중년 이상인 50대와 60대 이상의 경우에도 계속적으로 발생율이 증가하고 있는 것으로 나타나고 있으며, 앞으로 더욱더 증가할 것으로 예상된다.[41] 이러한 증가현상은 의료기술의 발달과 경제의 성장의 영향으로 예전과 달리 정신적·육체적으로 건장함을 유지하고 있고,[42] 이혼과 재혼에 대한 부정적인 사회 인식의 변화가 영향을 미치고 있는 것으로 보인다. 따라서 데이트폭력범죄는 어느 연령층에 집약되어 있지 않기 때문에 특정계층이 아닌 전 계층을 대상으로 하는 데이트폭력범죄 해결방안에 대한 치안연구가 필요하다.

(4) 데이트폭력범죄 피해자의 성별 현황

최근 4년간 데이트폭력범죄 피해자의 성별 현황을 보면 다음과 같다(〈표 2-4〉 참조). 데이트폭력범죄의 피해자는 여자, 남자, 쌍방으로 구분하여 볼 수 있다.

여자가 피해자인 경우에는 2016년에는 6,702(77.6%)명, 2017년에는 8,703(74.2%)명, 2018년에는 9,944(69.9%)명, 2019년에는 9,682(67.1%)명으로 나타났다.

남자가 피해자인 경우에는 2016년에는 458(5.3%)명, 2017년에는 977(8.3%)명, 2018년에는 1,453(10.3%)명, 2019년에는 1,750(12.1%)명으로 나타났다.

쌍방이 피해자인 경우에는 2016년에는 1,479(17.1%)명, 2017년에는 2,057(17.5%)명, 2018년에는 2,814(19.8%)명, 2019년에는 2,995(20.8%)명으로 나타났다.

41) NEWS1, "'61세 이상 노인 폭행범죄 15분당 1건씩'…범죄시계 빨라져" : https://www.news1.kr/articles (검색일 : 2020.12.7.)

42) 선영화, "노인범죄자의 처우에 관한 연구", 동국대학교 박사학위 논문, 2019, 15-19면(노인범죄의 발생이 증가하는 원인으로 의료기술의 발달과 경제의 성장에 있으며, 노인범죄에서 폭행범죄가 차지하고 있는 비율이 높게 나타나고 있다).

〈표 2-4〉 데이트폭력범죄 피해자의 성별 현황 (단위 : 명, %)

구분	2016년	2017년	2018년	2019년
합계	8,639 (100)	11,737 (100)	14,211 (100)	14,427 (100)
여자	6,702 (77.6)	8,703 (74.2)	9,944 (69.9)	9,682 (67.1)
남자	458 (5.3)	977 (8.3)	1,453 (10.3)	1,750 (12.1)
쌍방	1,479 (17.1)	2,057 (17.5)	2,814 (19.8)	2,995 (20.8)

※ 출처 : 경찰청 내부자료, 데이트폭력(연령대별) 정보공개청구 (2020.04.10.)의 ※ 출처 : 자료를 참조하여 재구성함.

이러한 현황을 종합하여 살펴보면, 데이트폭력범죄의 피해자의 대부분이 여자임을 알 수 있다. 반면에 남성 피해자의 경우에는 2018년부터 매년 2%씩 점차 증가되고 있으며, 쌍방이 피해자인 경우에도 2018년부터 증가하고 있다. 데이트폭력범죄의 여자 피해자가 높게 나타나는 것은 가부장적 문화의 영향으로 남자가 여자를 소유물로 보고 행동하는 것[43]과 신체적으로 여성이 남성보다 보편적으로 작은 체구를 가지고 있기 때문이라고 할 수 있다. 반면에 남자 피해자가 증가하고 있는 원인은 남성위주의 사회구조에서 여성의 권익이 존중되었고, 경제활동에 있어서 남성과 대등해지고 있기 때문이라고 본다.

2. 데이트폭력범죄의 개별 유형

데이트폭력범죄는 폭력의 범위가 넓고, 범죄성도 흉폭해짐에 따라 사회적 문제로 대두되고 있다. 현장 경찰관으로 각종 사건·사고 등을 현장에서 처리하고 있으면서 그중 데이트폭력범죄 사건을 취급·조사하면서 데이트폭력범죄는 어떤 유형들이 있으며, 범죄의 유형마다 가지고 있는 경향을 발견하게 되었다. 치안현장에서 파악한 데이트폭력범죄의 유형을 아래와 같이 '살인범죄형', '신체적 폭력형', '재산범죄형', '심리적 통제·억압형', '감금형', '사이버폭력형', '주거침입범죄형', '성범죄형', '정신질환범죄형(알콜중독 포함)', '인근·음

43) 정지혜, "데이트 폭력범죄에 관한 형사법적 규제방안에 관한 연구", 「입법학연구」 제16권 제2호, 한국입법학회, 2019, 193면; 박지선, 앞의 책, 30면.

주소란형' 등 총 10개의 유형으로 파악하여 분류하였다. 지금부터는 연구자가 현장에서 파악하여 분류한 데이트폭력범죄 유형을 종류별로 자세히 기술해 보고자 한다. 다만 이해를 돕기 위하여 유형별로 사례를 기술하였으나 이 사례는 실제 언론 보도 등을 통하여 보도된 실제사건도 있으나 연구자가 치안현장에서 데이트폭력범죄사건을 처리하면서 현장 상황의 변형과 사건 판례 등의 사례임을 미리 밝힌다.

(1) 살인범죄형

사람의 생명은 헌법 제10조에서 보장하고 있는 최고의 국가 근본규범으로 최고의 지위에 있는 법익이다. '살인'은 사람을 사망에 이르게 할 고의를 가지고 살해하는 행위이다. 이러한 행위는 사람의 생명을 침해하는 범죄로써 「형법」 제250조의 살인죄가 적용되는 범죄행위이다.

데이트폭력범죄의 유형별 현황〈표 2-2〉에서 살펴보았듯이 살인 및 살인미수의 범죄유형이 2016년에는 52명이며, 2017년에는 67명, 2018년에는 42명, 2019년 9월까지는 23명으로 매 해마다 꾸준히 발생하고 있다. 이에 해당하는 대표적인 사례들을 살펴보면 다음과 같다.

〈사례 1〉 피해자 차량을 이용한 살인미수 사건[44)]

乙이 甲과 교제하다가 결별한 데 앙심을 품고, 3회에 걸쳐 甲의 차량의 운전석 또는 조수석 뒷바퀴 부분 브레이크 오일 호스를 연결하는 볼트를 풀어 브레이크 오일을 유출시킴으로써 차량 제동장치 등에 장애를 일으켜 운행 중 차량 결함으로 인한 교통사고를 발생시키는 방법으로 우연을 가장하여 甲을 살해하려다 乙이 차량을 운행하려다 브레이크 페달이 밀리고 브레이크 오일이 유출되어 있는 것을 발견하는 등 제동장치 장애를 인식하여 차량 운행을 포기하면서 미수에 그쳤다.

44) 울산지방법원, 2017. 3. 14. 선고 2016고합320 판결.

〈사례 2〉 '가마니' 시신유기 사건[45)]

甲이 여자친구인 乙의 목을 졸라 숨지게 하고 사체를 가마니에 넣어 경인아라뱃길 목상교 인근 공터에 유기하였다.

〈사례 3〉 교제에 반대하는 부모에 앙심품은 살인 사건[46)]

가해자 甲은 피해자 乙의 부모가 사귀는 것에 반대하는 것에 앙심을 품고 저녁에 乙의 집에 찾아가 소지하고 있던 흉기와 깨진 유리조각으로 乙의 아버지의 목을 수차례 찔러 살해하였고, 乙과 그의 어머니는 머리와 어깨에 상해를 가하였다.

〈사례 4〉 이별을 통보한 여자친구 살해 사건[47)]

가해자 甲은 여자 친구인 乙을 강제로 부산의 한 모텔로 끌고 간 사실이 모텔 CCTV화면을 분석한 결과 확인되었고, 甲은 피해자 乙이 '헤어지자'고 하자 목졸라 실신시키고 착화탄을 태워 숨지게 하였다.

〈사례 5〉 이별통보에 불만품은 살인 사건[48)]

가해자 甲이 피해자 乙로 부터 결별 통보를 받은 데 불만을 품고 한밤중에 가스배관을 타고 乙의 주거에 침입하여, 거실 침대에서 자고 있던 乙의 동생인 丙의 목 부위를 미리 준비한 부엌칼로 2회 찔러 살해한 다음 乙이 비명소리를 듣고 방에서 뛰쳐나오자 일단 밖으로 도주하였다가 다시 가스배관을 타고 들어가 거실에서 119에 구조신고를 하고 있던 乙을 부엌칼로 12회 찔러 살해하였다.

---

45) 신아일보, "데이트폭력 20대, 여친 살해 후 '가마니'에 넣어 시신유기" : http://www.shinailbo.co.kr/news/articleView.html?idxno=1253557(검색일 : 2020.3.12.).

46) 전주MBC, "연인과 교제 반대". 흉기난동에 일가족 참변 : https://www.jmbc.co.kr/news/view/14309(검색일 : 2020.12.18.).

47) 서울경제, "헤어지자'는 연인 목 조르고 착화탄 태워 살해한 40대 징역20년" : https://www.sedaily.com/NewsView/1Z42QE0Y56(검색일 : 2020.12.18.).

48) 울산지방법원, 2013. 1. 25. 선고 2012고합404 판결.

위의 사례들과 같이 데이트폭력범죄의 살인범죄형은 대부분 일방적인 상대방의 '이별통보'로 인한 분노를 조절하지 못하고 발생되고 있는 것으로 보인다. 나아가 살인범죄형은 범죄피해가 데이트관계의 상대방뿐만 아니라 그의 가족까지 포함하고 있다는 점에서 잔인함과 심각성을 더하고 있다.[49] 이러한 범죄 사건은 치안현장에서 경험해보면 범죄의 잔인함에 경악을 금치 못할 정도로 심각함을 느낄 수 있다.

(2) 신체적 폭력형

데이트폭력범죄의 신체적 폭력형은 타인의 신체에 대한 유형력 행사로 인하여 「형법」의 폭행죄와 상해죄에 해당하는 범죄를 성립시키는 범죄유형이다. 신체적 폭력형의 경우는 데이트폭력범죄의 유형별 현황〈표 2-2〉에서 살펴보았듯이 2016년에는 6,233명, 2017년에는 7,552명, 2018년에는 7,461명, 2019년 9월까지는 5,324명으로 현재 데이트폭력범죄의 70%이상을 차지할 정도로 가장 많이 발생하고 있다. 폭행·상해에 해당하는 대표적인 예로는 상대방을 할퀴거나, 목을 조르거나, 상대방의 신체를 입으로 씹거나, 무기를 사용하여 신체를 가격하거나, 이유 없이 구속시키는 등의 행위가 해당한다.[50]

이에 해당하는 신체적 폭력형의 대표적인 사례들을 살펴보면 다음과 같다.

〈사례 1〉 BJ의 사랑을 가장한 상습적 폭행 사건[51]

甲은 인테넷방송 BJ로 여자친구인 乙에게 이틀에 한 번씩 지압 훌라후프로 폭행을 했고 또 10분 동안 달궈져 있던 스팀다리미로 乙의 배에 갖다 대는 등

49) 치안현장에서 경험을 토대로 기억해 보면, 2013년 겨울에 112신고를 출동하여 보니, 여성이 복부에 다량의 피를 흘리며 노상에 쓰려져 상당한 고통을 호소하고 있었다. 119 구급대가 도착하여 보니 복부 등에 칼에 찔린 상처가 많았고, 급히 병원에 이송하였으나 결국은 사망하였다. 다음날 체포된 범인은 이 여성의 전 남자친구였다. 피해자를 병원이송 직후 현장에 주차된 차량 밑에서 본 논문의 연구자가 흉기를 발견하기도 하였다.

50) おちけいた·きりうまさゆき, 「テキスト 司法·犯罪心理學」, (株) 北大路書房, 2017, 138頁.

51) 한국경제, "BJ 유사강간·데이트폭행 사건" : https://www.hankyung.com/society/article/2019020145457(검색일 : 2020.12.10.).

의 폭행을 하였음에도 불구하고 반성의 기미를 보이지 않고 오히려 인터넷방송에서 乙을 조롱하는 방송을 하였다.

〈사례 2〉 술병으로 머리내리치고 상해를 입힌 사건[52)]

甲은 여자친구인 20대 乙과 다투다 양손으로 乙의 목을 졸르고, 두 달 뒤 乙과 한 원룸에서 함께 술을 마시던 중 乙씨의 머리를 때리고 주먹으로 턱을 가격하고, 흉기나 참치캔을 들고 위협하거나, 소주병으로 머리를 내리치는 등의 행위로 乙에게 전치 2주의 상처를 입혔다. 또한 甲은 乙에게 '부모를 죽이겠다', '신체 일부를 못 쓰게 하겠다' 등의 폭언을 가하기도 하였다.

〈사례 3〉 휴대전화기로 폭행하여 특수상해를 입힌 사건[53)]

甲은 부산 덕천지하상가에서 쓰러진 여자친구 乙을 자신의 휴대전화기로 때려 상처를 입혔으나, 피해자 乙이 처벌을 원하지 않는다고 진술하였음에도 반의사불벌죄인 특수상해죄에 해당하여 처벌되었다.

〈사례 4〉 성관계 중 욕구 불충족에 의한 상해사건[54)]

甲은 여자 친구 乙과 성관계를 하던 중 자신의 요구를 들어주지 않는다는 이유로 화를 내며 주먹으로 얼굴을 내려친 혐의(상해 등)로 기소돼 2018년 11월 항소심에서 징역 8개월에 집행유예 2년, 사회봉사 80시간의 형을 받았다.

위의 사례들과 같이 데이트폭력범죄의 신체적 폭력형은 가해자의 경우 자신의 행위가 범죄에 해당함에도 불구하고 그에 따른 심각성을 인지하지 못하고 있으며, 피해자의 경우에는 단순히 우발적인 행위에 의한 것으로 착각하고 처

52) 아시아경제, "부모 죽이겠다' 여친 목 조르고 소주병 내리친 데이트 폭력男", : https://view.asiae.co.kr/article/2020121717331399648(검색일 : 2020.12.18.).

53) 연합뉴스), "부산지하상가 '휴대전화로 연인 폭행' 남성 특수상해 혐의 적용" : https://www.yna.co.kr/view/AKR20201125079600051?input=1195m(검색일 : 2020.12.18.).

54) 더팩트, "래퍼 아이언, 대마초→데이트 폭력→미성년자 폭행 혐의로 구속" : http://news.tf.co.kr/read/entertain/1830222.htm(검색일 : 2020.12.24.).

벌을 원치 않는 경우가 대부분이다.[55] 하지만 신체적 폭력형의 범죄행위는 자칫 잘못하면 그 이상의 강력범죄로 발전할 가능성이 높은 범죄유형이다. 그러므로 경찰에서는 예측적 경찰활동을 통하여 폭력범죄 발생가능성이 높은 지역을 중심으로 순찰활동을 강화하고 조기대응이 가능하도록 순찰경로를 편성할 필요가 있다.[56]

(3) 성범죄형

데이트폭력범죄의 성범죄형은 현재 「성폭력범죄의 처벌 및 피해자보호 등에 관한 법률」(법률 제9110호, 시행 2008. 6. 13.)을 적용되고 있으며, 기본적으로 폭행이 전제되어 있는 범죄유형이다. 데이트폭력범죄의 성범죄형은 첫째, 상대방에 대해 강제적으로 신체적인 힘을 이용하여 상대방의 의사에 반하는 성행동을 하는 경우, 둘째, 상대방에 대한 학대적인 성행동을 하는 경우가 대부분이다.[57] 그 외에도 강제추행의 경우에는 사적인 공간보다는 노상이나 유흥접객업소 등 타인과의 접촉빈도가 높은 공간에서 주로 발생하고 있다.[58]

이에 해당하는 성범죄형의 대표적인 사례들을 살펴보면 다음과 같다.

〈사례 1〉 불법촬영물을 빌미로 수차례 강간한 사건[59]

甲은 전 여자친구인 乙에게 연인 시절 찍은 불법 촬영물을 지워주겠다며 乙을 유인해 강간하고 칼로 위협했으며, 이전에도 사진을 지워주겠다며 수차례

55) 신체적 폭력형의 데이트폭력범죄의 경우 일선 치안현장에서는 현재 「형법」상 폭행죄, 상해죄 등을 적용하여 처리하고 있다. 하지만 폭행죄의 경우에는 반의사불벌죄의 특성상 처음에는 연인들이 흥분하여 자신의 폭행 부분에 대하여 사건처리를 원하여 초동조치 부서인 일선 경찰지구대에서 사건을 접수하여 사건처리 후 신병을 데이트폭력범죄 전담부서인 관할경찰서의 형사팀에 사건이 인계되어지면, 거의 대부분의 피해자는 '연인'이라는 긴밀한 인적 관계로 인하여 처벌의사를 철회함으로써 해당 사건이 공소권 없음으로 처리되는 경우를 많이 접하게 된다.

56) 치안정책연구소, 「치안전망 2020」, 치안정책연구소, 2019, 80-81면.

57) おちけいた·きりうまさゆき, 「テキスト 司法·犯罪心理學」, (株) 北大路書房, 2017, 142頁.

58) 치안정책연구소, 앞의 책, 75-77면.

59) 연합뉴스, "불법 촬영물 지워줄게' 옛 연인 성폭행한 남성 구속송치" : https://www.yna.co.kr/view/AKR20200706074900004?input=1195m(검색일 : 2020.12.19.).

강간하였다. 사건 당일 乙은 탈출해 112에 신고했고, 경찰은 현장에서 甲을 현행범으로 체포했다.

〈사례 2〉 이별을 통보한 여자친구 성폭행 사건[60)]

甲은 乙이 헤어지자고 말을 하자, 乙을 수차례 폭행하고 성폭행한 것도 모자라 성관계 영상을 주변에 유포하겠다고 협박하여 강간치상, 통신비밀 보호법 위반 등의 혐의로 구속 기소되어 징역 4년을 선고 받았으며, 자격정지 1년과 함께 80시간의 성폭력 치료프로그램 이수를 명령 받았다. 甲은 乙과의 성관계 영상을 가족과 회사에 유포하겠다고 협박하기도 하고, 또 피해자인 乙의 차량에 녹음기를 몰래 설치하고 타인과의 대화를 녹음하는 등 집착을 보였다.

〈사례 3〉 결별한 연인에게 성기 비하·조롱 사건[61)]

甲은 전 연인인 乙에게 헤어진 이후 乙의 성기를 비하, 조롱하고 乙이 성적인 매력이 없다는 취지의 문자메시지를 반복하여 보내면서 괴롭힌 사건에서 甲에게 통신매체이용음란죄를 인정하였다.

60) 노컷뉴스, "영상 퍼뜨리겠다 …헤어지자는 말에 성폭행한 60대" : https://www.nocutnews.co.kr/news/5289510(검색일 : 2020.12.19.).

61) 대법원 2018. 9. 13. 선고 2018도9775 판결(「성폭력범죄의 처벌 등에 관한 특례법」 제13조는 "자기 또는 다른 사람의 성적 욕망을 유발하거나 만족시킬 목적으로 전화, 우편, 컴퓨터, 그 밖의 통신매체를 통하여 '성적 수치심이나 혐오감을 일으키는 말, 음향, 글, 그림, 영상 또는 물건'(이하 '성적 수치심을 일으키는 그림 등'이라 한다)을 상대방에게 도달하게 한 사람"을 처벌하고 있다. 성폭력범죄의 처벌 등에 관한 특례법 제13조에서 정한 '통신매체 이용 음란죄'는 '성적 자기결정권에 반하여 성적 수치심을 일으키는 그림 등을 개인의 의사에 반하여 접하지 않을 권리'를 보장하기 위한 것으로 성적 자기결정권과 일반적 인격권의 보호, 사회의 건전한 성풍속 확립을 보호법익으로 한다. '자기 또는 다른 사람의 성적 욕망을 유발하거나 만족시킬 목적'이 있는지는 피고인과 피해자의 관계, 행위의 동기와 경위, 행위의 수단과 방법, 행위의 내용과 태양, 상대방의 성격과 범위 등 여러 사정을 종합하여 사회통념에 비추어 합리적으로 판단하여야 한다.'성적 욕망'에는 성행위나 성관계를 직접적인 목적이나 전제로 하는 욕망뿐만 아니라, 상대방을 성적으로 비하하거나 조롱하는 등 상대방에게 성적 수치심을 줌으로써 자신의 심리적 만족을 얻고자 하는 욕망도 포함된다. 또한 이러한 '성적 욕망'이 상대방에 대한 분노감과 결합되어 있더라도 달리 볼 것은 아니다.).

〈사례 4〉 아동복지시설 원장 직원 간음 사건[62)]

아동복지시설 원장인 甲은 직원 乙과 연인관계로 발전되고 있는 과정에서 직원인 乙에게 계속하여 乙의 바지와 팬티를 벗기고 삽입을 시도하였지만 미수로 실패하였다. 하지만 결국은 자신의 성기를 삽입하여 乙을 간음한 사건에서 甲을 상대로 乙이 제기한 불법행위로 인한 손해배상 청구를 소송에서 원고인 乙이 입은 모든 손해를 배상할 책임을 인정하였다.

위의 사례들에서와 같이 데이트폭력범죄의 성범죄형의 경우는 데이트관계 중에는 상대방을 강제추행하는 경우가 있었고, 결별을 일방이 통보한 때에는 강간과 불법촬영물 등을 이용한 강간이 발생되고 있다. 강간·강제추행은 대부분의 경우 피해자가 여성으로 나타나고 있으며, 경찰에서는 범죄의 예방은 물론 수사와 사건처리에 있어 여성들이 불편함을 겪지 않도록 다양한 노력을 기울이고 있다. 또한 강간과 강제추행의 경우에는 범죄발생 장소에 차이를 보이고 있다. 이를테면 강간의 경우는 주로 아파트나 단독주택 등의 사적인 주거공간이나 숙박업소 등의 은밀한 공간에서 발생하고 있으며, 강제추행의 경우에는 다수인이 밀집되거나 친한 관계의 모임 등 공개적인 장소에서 발생이 많다. 그리고 현장실무에서는 은밀한 공간에서 발생되는 강간의 경우에 피해자의 신고에 의하지 않는 이상 적발이 어려울 뿐만 아니라 증거의 확보에도 어려움을 겪고 있다.

데이트폭력범죄의 성범죄형의 경우 실무현장의 경험에 의하면, 피해자는 긴밀한 사이라는 관계에서 범하여진 범죄라는 특성상 심리적 피해를 더 많이 호소하는 경향이 있다. 그리고 가해자는 출동한 경찰에게도 "저 여자는 내 것이다"라는 등의 말을 하는 것을 경험하게 된다. 이는 데이트폭력범죄는 상대방에 대한 집착성이 강하게 나타남을 다시 한 번 확인할 수 있다.

62) 광주지방법원 순천지원, 2008. 2. 21. 선고 2008가합48 판결.

(4) 감금형

데이트폭력범죄의 감금형은 「형법」 제29장에서 규정하고 있는 '체포와 감금의 죄'에 해당하고 미수도 처벌되는 범죄유형이다. '감금'은 사람을 일정한 장소 밖으로 나가지 못하게 하여 신체적 활동의 자유를 제한하는 것을 말한다.[63) 감금형의 경우에는 자신의 상대방에 대한 과도한 집착이 원인이 되며, 자신은 상대방을 감금하고 있지 않고 같은 시간을 보내고 있다고 오인하는 경우가 많다. 현장실무에 비추어보면, 데이트폭력범죄 가해자의 지배·애착 등의 이상 심리가 종합적으로 작용되어 상대방의 활동뿐만 아니라 일정한 장소에 한정시키려는 통제의사가 내재되어 있음을 알 수 있다.

이에 해당하는 감금형의 대표적인 사례를 살펴보면 다음과 같다.

〈사례 1〉 성폭행 후 주택 지하에 감금한 사건[64)

피해자 乙은 데이트폭력이 시작되면서부터 매일같이 지옥과 같은 생활을 하였다. 그럼에도 적극적으로 저항할 수 없었던 것은 "술에 취해 의식이 분명하지 않을 때 불법촬영"을 당했기 때문이다.

甲은 피해자 乙이 수차례 영상을 지워달라는 요구를 받아들여주지 않고 오히려 불법촬영물을 빌미로 乙을 폭행과 협박, 성폭행을 저질렀다. 그러자 乙은 헤어질 결심을 하고 고소까지 준비하고 있는 과정에서 불법촬영물을 甲이 소장하고 있는 상황에서 '안전이별'은 불가능 하여 연락을 주고받을 수밖에 없었다. 그러다 甲이 "만나주면 영상을 지워주겠다"는 연락을 받고 어쩔 수 없이

63) 대법원 2011. 9. 29. 선고, 2010도5962 판결(법원은 감금죄가 성립에 있어서 "사람의 행동의 자유를 그 보호법익으로 하여 사람이 특정한 구역에서 나가는 것을 불가능하게 하거나 또는 심히 곤란하게 하는 죄로서, 이와 같이 사람이 특정한 구역에서 나가는 것을 불가능하게 하거나 심히 곤란하게 하는 그 장애는 물리적·유형적 장애뿐만 아니라 심리적·무형적 장애에 의하여서도 가능하고, 또 감금의 본질은 사람의 행동의 자유를 구속하는 것으로 행동의 자유를 구속하는 그 수단과 방법에는 아무런 제한이 없으므로 그 수단과 방법에는 유형적인 것이거나 무형적인 것이거나를 가리지 아니하며, 감금에 있어서의 사람의 행동의 자유의 박탈은 반드시 전면적이어야 할 필요가 없으므로 감금된 특정구역 내부에서 일정한 생활의 자유가 허용되어 있었다고 하더라도 감금죄의 성립에는 아무 소장이 없다"고 결정하였다).

64) 중앙일보, "성폭행 현장서 맨발 탈출 그녀, 왜 '악마의 지하방' 찾아갔나" : https://news.joins.com/article/23812377(검색일 : 2020.12.19.).

불법촬영물 삭제를 부탁하기 위해 만났다.

그리고 만나는 그날부터 다음날 새벽까지 주택 지하에 감금되어 두 차례에 걸쳐 乙은 성폭행을 당하고 뺨과 머리를 심하게 폭행당하기도 했다.

乙은 주택 지하에서 벌어진 범행 현장에서 기회를 엿보다가 탈출할 수 있었다. 당시 乙은 신발도 신지 못한 채 "죽기 살기로 달려 나왔다"고 했다. 지상으로 나온 乙은 주차된 차량에 불빛이 비추는 것을 보고 다가가 도움을 요청했다. 乙은 차량 안에 탑승한 사람에게 "남자친구가 죽이려 한다"며 "제발 차에 탈 수 있도록 부탁드린다"고 말했다. 당시에 대해 乙은 "두 손 모아 빌어 겨우 차에 탈 수 있었다"고 했다. 이후 신고를 받고 출동한 화곡지구대원들에게 현장에서 폭행과 특수협박 혐의로 甲은 체포되었으며, 이후 조사과정에서 甲은 성폭력 혐의도 밝혀졌다.

위의 사례에서와 같이 데이트폭력범죄의 유형중 감금형의 경우는 폭행 및 성범죄가 동반되고 있으며, 자신의 범죄행위가 발각되는 것에 대한 두려움, 또는 피해자를 자신의 소장품으로 여기는 잘못된 인식에서 발생되는 범죄이다.

그리고 감금형은 감금이 주된 목적으로 발생되기도 하지만 범죄행위를 숨기기 위한 방법으로 행해지는 경우가 있다. 현장실무에서 가해자를 조사하다 보면, 가해자는 피해자에 대한 지배·통제형의 성격 등이 많았고, 이성적인 대화가 힘든 경우가 있었다. 그러므로 폭행·상해, 성폭행 등의 범죄로 의한 감금이 이루질 경우에는 위의 사례에서와 같이 피해자가 탈출에 성공하지 못하면 살인범죄형으로 전의될 가능성이 높다고 할 수 있다.

(5) 심리적 통제·억압형

심리적 통제·억압형은 정신적 폭력이라고 할 수 있다. 정신적 폭력은 피해자로 하여금 트라우마를 유발하는 행위, 공포를 유발하는 행위, 강요하는 행위 등이 이에 포함된다. 가해자는 이러한 행위들이 피해자가 입는 피해에 대해 인식하지 못하고 있는 것이 특징이며, 만약 인식한다고 하더라도 자신의 목적달성을 더욱 중시하기 때문에 가벼운 것으로 여기게 된다. 이를테면 피해자에게 창피를 주거나 의도적으로 자존심을 상하게 하는 언행을 하거나[65] 또는 피해자의 행동을 관리하려 하거나 친구나 가족과 연락할 수 없도록 하는 경우 등[66]이 있다. 즉, 이러한 폭력은 정신적 이미지를 의도적으로 입히는 형태의 폭력이다.[67]

이에 해당하는 심리적 통제·억압형의 대표적인 사례들을 살펴보면 다음과 같다.

〈사례 1〉 헤어진 연인에게 위치추적기 부착 사건[68]

甲은 헤어진 연인인 乙의 위치를 확인하기 위해서 눈에 띄지 않는 곳에 위치추적기를 부착하였다. 이후 스마트폰 앱을 통해 수시로 乙의 위치를 파악해 주변을 서성거렸고, 乙이 다른 남성과 만나는 것을 보고 격분해 차량 앞유리 등에 페인트를 뿌리고 달아났다.

위의 사례에서와 같이 데이트폭력범죄의 유형중 심리적 통제·업압형의 경우는 현장실무에서 피해자들을 만나보면 피해자들은 이런 가해자의 행동통제와 감시로 인하여 심리적 불안과 긴장 등으로 정상적인 일상생활을 하지 못할 정도의 심리적 문제를 호소하는 경우가 있다. 또한 다른 데이트폭력범죄의 유형들과 같이 상대방과 헤어진 경우에도 발생하고 있다.

65) 의도적으로 창피를 주거나 모욕감을 느끼게 하는 행위로는 언어적 폭력 및 사람 앞에서 창피, 바보 취급하거나 고함이나 소리를 지르고, 욕설 등이 해당된다.

66) 피해자의 행동관리 또는 연락통제의 방법으로 휴대폰 등을 강제로 빼앗아 점검하거나, 누구와 항상 있는지 확인하고, 친구들을 만나지 못하게 억압하는 행위가 포함된다.

67) おちけいた·きりうまさゆき, 「テキスト 司法·犯罪心理學」, (株) 北大路書房, 2017, 145頁.

68) YTN, "위치추적기 달고 헤어진 연인 감시...데이트 폭력 증가" : https://www.ytn.co.kr/_ln/0115_201703091749310906(검색일 : 2020.12.19.).

(6) 재산범죄형

데이트폭력범죄의 재산범죄형의 경우는 「형법」의 사기죄와 절도죄에 해당하는 범죄를 성립시키는 범죄유형이다. 데이트폭력범죄에서 재산범죄형은 그 발현형태가 일반적인 사기죄·절도죄와 달리 사전에 치밀한 계획이 없고 신체적 폭행범죄형이 동반된다는 특징이 있다. 즉, 자신의 연인을 상대로 겁을 주고 금품 등을 강취·갈취·절취하는 형태로 발생한다.

이에 해당하는 재산범죄형의 대표적인 사례들을 살펴보면 다음과 같다.

〈사례 1〉 폭행 및 공갈협박으로 현금 및 물품을 갈취한 사건[69)]

甲은 여자친구 乙씨의 집에서 영화를 보다가 乙이 졸았다는 이유로 빗자루 등을 가지고 여러 차례 乙을 때린 혐의(특수상해)를 받았다. 두 사람이 다투던 중 甲은 스스로 홧김에 휴대전화를 던져 부서지자 乙에게 '너 때문'이라고 겁을 줘 91만 7000원짜리 휴대전화를 강제로 받아낸 혐의(공갈)도 있다. 또한 甲은 수시로 거울을 부수거나 벽에 머리를 부딪치며 乙을 위협, 현금 총 150만원과 43만원 가량의 옷·신발을 갈취했다.

〈사례 2〉 협박과 폭행으로 금품을 갈취한 사건[70)]

甲은 乙과 결별한 뒤 "집 근처에 주유소 있더라", "오늘 불꽃놀이 한 번 보여줄게"라는 메시지를 보내는 등 총 3회에 걸쳐 피해자를 협박하고 약 두 달 뒤에는 乙을 직접 만나 "데이트 비용과 그동안 준 선물 돌려주지 않으면 네 집에 불을 지르겠다"며 목을 조르고 넘어뜨리는 등 폭력을 행사하고, 乙이 갖고 있던 현금과 휴대폰, 지갑 등을 빼앗기도 했다.

---

69) 서울신문, "'영화 보다 졸았다'며 여친 폭행에 갈취…상습 '데이트 폭력' 징역 1년" : http://www.seoul.co.kr/news/newsView.php?id=20161122500011&wlog_tag3=naver(검색일 : 2020.12.19.)

70) 뉴시스, "결별 애인에게 "집옆에 주유소 있더라" 협박…1심 징역형" : https://newsis.com/view/?id=NISX20200317_0000959352&cID=10201&pID=10200(검색일 : 2020.12.19.)

위의 사례에서와 같이 데이트폭력범죄의 재산범죄형은 금품을 취득하는 과정에서 협박 및 폭력이 동반되고 있음을 알 수 있다. 현장 실무에서 피해자를 만나보면, 재산범죄형의 대부분이 가해 남성의 직업이 뚜렷이 없거나 알콜중독인 경우도 있었으며, 피해 여성이 자영업 또는 직장생활을 하고 있으면서 경제적인 여력이 있는 경우가 대부분이었다. 이러한 재산범죄형의 경우에는 가해자가 피해자에게 더 많은 집착과 스토킹을 하는 경향이 있다.

(7) 주거침입범죄형

주거침입범죄형은 데이트폭력범죄의 유형별 현황〈표 2-2〉에서 살펴봤듯이 점차적으로 증가하고 있는 데이트폭력범죄이다. 현재 주거침입범죄형의 경우에는 「형법」 제36장에서 규정하고 있는 '주거침입의 죄'를 적용하여 처벌하고 있으며, 범행의 수단으로 주간에 주거침입을 한 경우에도 별개로 인정되는 범죄이다.[71)]

데이트폭력범죄의 주거침입범죄형의 경우에는 대부분이 일방적으로 데이트 관계를 단절하여 만나주지 않을 경우에 발생되고 있는 것으로 나타나고 있다. 실무현장에서 주거침입범죄형의 데이트폭력범죄를 경험해 보면, 데이트폭력범죄는 긴밀한 인적 관계에서 상호간의 개인정보의 공유로 피해자의 주거 및 직장에 대한 정보를 쉽게 얻을 수 있었다. 그로 인하여 피해자가 있는 곳(주거지 또는 직장)에 찾아와서 '나오라고' 소란을 피우거나 파손이 쉬운 유리 등을 손괴하는 것을 볼 수 있었다.

이에 해당하는 주거침입범죄형의 대표적인 사례들을 살펴보면 다음과 같다.

71) 대법원 2015. 10. 15. 선고 2015도8169 판결(법원은 상습절도죄를 범한 범인이 범행의 수단으로 주거침입한 경우 별도의 주거침입죄의 성립여부에 대해 " 「형법」 제330조에 규정된 야간주거침입절도죄 및 「형법」 제331조 제1항에 규정된 특수절도(야간손괴침입절도)죄를 제외하고 일반적으로 주거침입은 절도죄의 구성요건이 아니므로 절도범인이 그 범행수단으로 주거침입을 한 경우에 그 주거침입행위는 절도죄에 흡수되지 아니하고 별개로 주거침입죄를 구성하여 절도죄와는 실체적 경합의 관계에 서는 것이 원칙이다(대법원 1984. 12. 26. 선고 84도1573 전원합의체 판결 참조)"라고 결정하고 있다).

〈사례 1〉 현관 비밀번호 누르고 주거침입 사건[72)]

甲은 라이브카페에서 같이 술을 마시는 도중 여자친구인 乙이 다른 사람에게 문자 메시지를 보낸다는 이유로 乙을 주먹으로 때려 두피가 찢어지는 상해를 입혔다. 그리고 귀갓길에 추가 폭행을 마음먹은 甲은 乙의 현관문 비밀번호를 알고 있고 乙의 집까지 침입했다.

〈사례 2〉 만남요구에 답변 없는 헤어진 여자친구 공동 출입문 침입사건[73)]

10대인 甲은 전 여자친구 乙이 헤어진 뒤에도 만남을 요구했으나 乙이 응하지 않고 연락에도 답변이 없자 乙의 집을 여러 차례 찾아갔다. 그리고 甲은 새벽3시께 사전에 알아둔 비밀번호를 이용해 乙이 사는 건물 공동 출입문을 열고 들어간 뒤 乙의 집 앞에서 집 출입문을 수차례 손과 발로 때리고 걷어찼다. 甲은 그 후에도 乙의 집에 다른 남자와 있는 것을 보고 '씨xx아', '걸xx아'라는 욕설을 하고 두 손으로 乙을 밀쳐 바닥에 넘어뜨렸으며, 몇 일후 또 새벽 1시 10분께 乙의 집을 재차 침입하였다.

위의 사례들에서와 같이 데이트폭력범죄의 주거침입범죄형의 경우는 현장 실무에서는 보통 사건이 경미하면 1차 경고에 그치고 있으며, 사안에 따라 「경범죄처벌법」 상 소란행위, 스토킹행위의 경우에는 범죄현장에서 통고처분을 하고 있다. 그리고 이러한 주거침입범죄형에 미리 대처하고 피해자를 보호하기 위하여 경찰에서는 신변보호 신청 등을 할 수 있도록 하고 있다. 하지만 사건이 형사입건이 필요한 경우에는 「형법」 상 주거침입 피의사건으로 형사입건하고 있다. 피해자들은 경찰의 이러한 처분과 함께 현재 가정폭력범죄에 적용하고 있는 '임시조치'가 가능하도록 해달라는 요구를 하고 있다.

72) 문화일보, "주거침입 데이트폭력' 형사입건 지난해 46% 급증" : http://www.munhwa.com/news/view.html?no=2019062701071321335001(검색일 ; 2020.12.19.)

73) 파이낸셜뉴스, "딴 남자랑 있어?' 전 여친 집 침입해 폭행한 10대 집유" : https://www.fnnews.com/news/202010130922550633(검색일 : 2020.12.19.)

(8) 사이버폭력형

사이버폭력형은 가상공간을 이용하여 상대방에 음란물 유포, 명예훼손, 모욕, 스토킹, 개인위치 정보 침해 등을 범하는 데이트폭력범죄의 유형이다. 즉, 사이버폭력형은 범죄발생의 장소가 '사이버공간'이라는 점과 전파성이 높다는 데 특징이 있다.

이러한 이유로 경찰은 사이버공간에서 국민안전과 국가안보를 위협하는 치안위해(危害) 요소에 대응하기 위하여 지난 2014년 '사이버안전국'이 출범하였으며,[74] 최근까지 사이버공간에서의 범죄발생을 예방하기 위한 홍보 및 적극적인 단속활동을 전개하여 오고 있다.

이에 해당하는 사이버폭력형의 대표적인 사례를 살펴보면 다음과 같다.

〈사례 1〉 인터넷방송BJ의 허위사실 유포에 따른 명예훼손 사건[75]

甲은 인터넷방송 BJ로 자신의 인터넷방송을 진행하며 전 여자친구인 乙을 (25)를 향해 "이 분 홀딱 벗는 방송하던데, 왜 요즘 조신하게 입고 있느냐"며 불특정 다수에게 허위사실을 유포한 혐의로 기소된 사건이 있다. 그리고 甲은 乙에게 흉기를 휘둘러 부상을 입힌 혐의도 추가됐다.

〈사례 2〉 데이트폭력범죄로 구속되어 출소한 후 '죽이겠다' 문자 협박 사건[76]

甲과 乙은 연인사이로, 甲은 데이트폭력 혐의로 구속되어 복역 후, 출소한 지 3일 만에 또다시 乙에게 8개월에 걸쳐 '죽이겠다'는 내용의 협박 문자를 보내고, 휴대전화 3대를 개통한 뒤 각각 다른 번호를 돌려가며 협박 문자를 보내거나 SNS에 허위 사실을 유포하여 경찰에 체포된 사례가 있다.

74) 치안정책연구소, 앞의 책, 92면.

75) 파이낸셜뉴스, "여친 폭행 후 잠적' BJ찬, 과거에도 데이트 폭력…징역 10개월" : https://www.fnnews.com/news/201912041711272950(검색일 : 2020.12.19.)

76) YTN, "협박 문자 등 출소 3일 만에 또 데이트폭력" : https://www.ytn.co.kr/_ln/0103_201602111201158965(검색일 : 2020.12.23.)

〈사례 3〉 인터넷 블로그를 이용한 명예훼손 사건[77)]

甲은 자신의 인터넷 블로그에 2008년부터 2012년 사이에 연인관계였던 진보성향의 논객 乙로 부터 데이트 폭력을 당했다는 글을 올려 乙의 명예를 훼손한 혐의로 기소됐다. 乙은 '2010년 이후에는 때린 적이 없다'는 취지의 반박 글을 올렸지만, 甲은 사실과 다르다는 재반박 글을 올렸다. 인천지법은 「정보통신망 이용 촉진 및 정보보호 등에 관한 법률」 위반(명예훼손) 혐의로 기소된 甲에 대해 선고유예 판결을 내렸으며, 법원은 甲이 사실을 적시해 乙의 명예를 훼손한 사실은 인정했지만, 전과가 없고 범행 동기와 경위에 참작할 만한 사유가 있다는 점을 들어 형의 선고를 유예 판결을 했다. 甲은 '데이트 폭력 문제점을 지적하는 공익 목적의 글'이라고 주장했지만, 법원은 "피해자의 실명을 언급하지 않았더라도 충분히 지적할 수 있었다"고 판단하였다.

〈사례 4〉 단체채팅방을 이용한 명예훼손 사건[78)]

甲은 유흥업소에서 만난 남자친구 乙과 교제하기 시작했다. 甲은 식당에서 乙과 말다툼한 乙이 자신의 차를 타지 않고 가려 하자 乙을 들이받을 듯 돌진했다.

이 외에도 乙이 자신을 경찰에 신고하려 하자 그의 가슴을 밀치거나 목을 조르고 손목을 꺾기도 했다. 이후 甲은 乙이 근무하던 업소에서 다른 여성을 만나자 단체채팅방에 80여명을 초대해 乙을 비방하는 글을 남겨 乙의 명예를 훼손하였다.

위의 사례에서와 같이 데이트폭력범죄의 사이버폭력형의 경우는 가해자는 피해자에 대한 일방적으로 모욕과 언어폭력 등의 행사가 가능하며, 이러한 범죄행위를 불특정 다수인이 접하게 된다. 데이트폭력범죄와 관련해서 사이버 명예훼손과 모욕은 이별 이후 상대방에 대한 집착과 보복심리 등이 발동하여

77) 경인일보, "인터넷에 진보논객 데이트폭력 의혹글 올려 명예훼손한 여성 선고유예" : http://www.kyeongin.com/main/view.php?key=20160815010004354(검색일 : 2020.12.24.).

78) 서울경제, "데이트폭력 여배우, 유흥업소서 남친 만나…여러번 벌금형 전적도" : https://www.sedaily.com/NewsView/1VPNAW0H96(검색일 : 2020.12.24.).

가해자가 사이버상에서 피해자와 관련된 사생활 등을 인터넷방송 중에 폭로한다든지 음란물 등을 업로드(upload)함으로써 피해자의 명예를 실추시키게 된다. 최근에는 정보통신기술이 발달하여 모바일 사회로 더 전화됨에 따라 항상 소지하고 있는 휴대폰을 이용하여 언제든지 손쉽게 범할 수 있는 범죄유형이다. 그리고 피해자는 사이버공간상의 전파성으로 인하여 사회생활에 지장이 될 정도의 심각한 정신적 피해를 입을 수 있는 범죄로 계속하여 증가하고 있는 추세이다. 따라서 사이버폭력형 범죄의 발생을 방지하기 위해서는 경찰의 사이버수사대에서 더욱더 단속이 강화되어야 하겠다.

(9) 정신질환범죄형(알코올중독 포함)

데이트폭력범죄의 정신질환범죄형은 위에서 제시한 범죄유형의 발현이 정신질환(조현병, 알코올중독 등)에 의해 발생되는 범죄형이다. 현장실무의 경험에 의하면, 정신질환범죄형은 알코올중독, 환청, 환시 증상 등을 보이는 상태이며, 아무런 이유 없이 피해자에게 언어적 공격 또는 신체에 유형력을 행사하고 정신적으로 괴롭히는 것을 목격할 수 있다. 이러한 범죄형은 '묻지마 범죄'라고 불리고 있으며, 소위 사이코패스(psychopath)일 가능성이 높다. 정신질환범죄는 반사회성 성격장애가 원인으로 유전적 요인·자율신경계의 기능저하 요인·뇌파의 이상 요인 등을 생각해 볼 수 있다.

이에 해당하는 정신질환범죄형의 대표적인 사례를 살펴보면 다음과 같다.

〈사례 1〉 술만 마시면 돌변하여 폭언·폭행한 사건[79)]

甲은 乙은 술을 마신 후 사귀면서 서운했던 이야기를 하던 도중 돌연 화를 내고 폭언과 폭행을 하여 이로 인해 피해자는 전치 2주의 상해를 입었으며, 남자친구가 평소에도 술만 마시면 돌변해 폭력적인 언행을 보였다고 진술한 사례이다.

79) 이데일리, "음주 처벌 강화해야... 술 마신후 강력범죄.데이트 폭력 증가" : https://n.news.naver.com/mnews/article/018/0004692812?sid=102(검색일 : 2020.12.24.).

범죄학자인 에이드리언 레인 교수(Adrian Raine)는 자신의 저서 「폭력의 해부」에서 "상당한 증거들을 통해 전두엽[80)]의 상처 특히 아래쪽에 상처를 입은 사람들이 자신을 억제하지 못하고 충동적이고 반사회적인 행동을 하고 있음을 알 수 있었다"고 기술하고 있다.

또한 "그렇다면 훨씬 유연성이 있는 아이들의 성장하는 뇌는 어떨까? 머리를 다친 아이들을 추적한 행동변화연구는 이런 아이들이 행동장애와 행동을 외부로 표현하는데 있어 일반적으로 문제가 있음을 밝혀냈다. "보통 아이들은 분노 등의 문제를 잘 극복해 나아가지만, 머리를 다친 아이들은 자기 통제를 못하고 상당히 충동적이라는 것을 확인할 수 있었다"고 하고 있다.[81)]

그리고 남성이 여성보다 범죄를 많이 일으키는 이유는 과연 근본적으로 "남성과 여성의 뇌가 다르기 때문일까?"라는 의문에서 시작되어지고 남성과 여성의 전전두엽피질의 부피 비교 실험결과 남성의 와전두엽 회백질의 양이 여성에 비해 12.6% 부족했다. 그곳은 전전두엽피질의 밑부분이라는 특징이 있다"라고 기술하고 있다.[82)] 그리고 케빈 데이비스의 저서 「법정에 선 뇌」의 내용을 살펴보면, "자신의 부인을 살해한 남성의 뇌를 MRI촬영 및 PET를 실행한 결과 전전두엽피질에 커다란 공간이 발견되었다"는 연구결과를 기술하고 있다.[83)]

80) 전두엽은 머리 안 대뇌반구의 앞에 있는 부분으로, 마루엽, 관자엽의 앞쪽 윗부분에 위치하고 있다. 그리고 전두엽은 자기 인식, 상황판단, 계획, 사고 등의 행동 절제 및 인내의 기능을 담당하고 있다.

81) Adrian Raine(이윤호역), 「폭력의 해부」, 흐름출판, 2015, 227-230면.

82) Adrian Raine(이윤호역), 앞의 책, 237-238면.

83) 와인스타인은 재혼한 부인인 바버라를 목 졸라 죽였다. 이 사건을 맡은 변호사는 뭔가 이상하다는 의심이 들어 와인스타인의 뇌를 MRI촬영했다. 그리고 이후 다시 뇌의 기능을 촬영하는 PET를 실행했다. 결과 전전두엽피질에 커다란 텅 빈 공간이 발견되었다. 그리고 지주막 포낭이 그의 왼쪽 전두엽에 자라고 있었다. 세계적으로 저명한 신경학자 안토니오 다마지오는 재판전 심리에서 와인스타인이 합리적으로 생각하고 정서를 통제할 수 있는 능력에 자문했다. 그리고 와인스타인이 합리적 선택을 하고 정서를 통제하는 능력에 결함이 있다고 주장했다. 변호사는 정신이상을 주장했고, 재판장은 깊은 인상을 받았고, 새로운 재판전 심리협상에서 검사와 변호인단은 과실치사 혐의에 동의하였으며, 이는 획기적인 판례였다. 최초로 살인사건의 재판이 공판으로 진행되기도 전에 뇌 영상 자료가 재판전 심리에서 사용되어 범죄의 형량을 협상을 통해 낮추었던 것이다. 이처럼 정신장애 의심자들의 폭력은 전두엽 이상과도 인과관계가 있는 부분이 있다(케빈데이비스(이로운 역), 「법정에 선 뇌」, 실레북스, 2018, 14-34면; 김한중·강동욱 b, "정신질환자에 의한 '묻지마범죄'의 실태와 대책방안 - 정신건강복지법상 입원제도를 중심으로, 일선

이러한 정신질환자들의 범죄문제를 해결하기 위한 이론을 중심으로 한 치료적 사법은 현재 미국 사법제도를 주도하는 이념이기도 하다. 치료적 사법제도는 형사사법에 치료수단을 제안한 치료사법을 기본이념으로 한다. 또한 정신질환 범죄 또는 약물범죄 등에 대한 전통적인 사법처리가 효과가 적다는 생각을 바탕으로, 이들에 대한 감독과 치료를 같이 실시하고 있다. 이는 이들의 재범을 방지하고자 하는 목표 때문이다.[84)]

최근에 우리나라도 범죄인에 대하여 보호관찰 등의 집행 시 알코올치료, 약물치료, 성폭력치료 등 여러 '치료프로그램'이 운영되고 있다.[85)] 그럼에도 불구하고 반사회적 성격장애자의 경우에는 타인의 감정에 대한 배려가 없고, 자신의 하고 있는 거짓말에 대해서도 인식하지 못함으로 인해 이들은 법규 및 사회규범 등을 준수하려는 동기부족으로 치료에 어려움이 있다[86)]는 문제가 있다.

(10) 인근·음주소란형

데이트폭력범죄의 인근·음주소란형의 경우는 경범죄에 해당하는 것으로 보통 결별한 과거의 연인의 집 앞에 찾아와서 '나와라!'등의 소리를 치며 소란을 피우는 행위가 해당된다. 이러한 유형의 데이트폭력범죄는 현장실무에서는 경범죄에 해당하여 「경범죄처벌법」을 적용하여 인근소란·음주소란으로 통고처분을 하고 있다.

그리고 주취자가 인적사항을 거부하고 계속하여 소란을 피우는 경우에도 「경범죄처벌법」의 위반으로 현행범인으로 체포하여 사건을 처리하고 있다.[87)]

경찰관의 관점에서 -", 「법과 정책연구」 제19권 제4호, 한국법정책학회, 2019, 15면 각주23번 참조)

84) 성경숙, "치료적 사법의 개념과 그 적용가능성", 「형사정책연구」 제23권 제4호, 한국형사정책연구원, 2012, 34-35면.

85) 황만성, "형사절차에 있어서 치료적 사법의 도입에 관한 연구, 「한양법학」 제46권 제2호, 한양법학회, 2014, 225면.

86) 이규호, "묻지마 범죄의 형사정책적 대응방안", 「법학연구」 제17권 제3호, 한국법학회, 2017, 212-213면.

87) 많은 학자들은 알코올이 원인인 범죄를 포함하여 유죄가 확정된 중범죄자의 경력을 보면 알코올 문제의 비율이 특히 높다는 사실을 지적한다(Stephen Brown·Finn-Aage Esbensen, 앞의 책, 58면) 이것은 우

하지만 대부분의 주취에 의한 데이트폭력범죄의 경우에는 범죄 행위자를 제지·경고하여 귀가를 시키고 있는 실정이다.

3. 데이트폭력범죄의 특성

데이트폭력범죄는 가해자와 피해자의 관계가 친밀한 인적 관계 내에서 발생되며 범죄의 반복성과 은폐성이 두드러지게 나타난다. 또한 이러한 데이트폭력범죄는 피해자의 가족 및 지인에 이르기까지 폭력의 대상이 확대될 수 있는 특성도 가지고 있다. 실제로 데이트폭력범죄의 사례에서 보았듯이 성폭력이 동반된 경우 피해자가 경험한 폭력은 하나의 유형에 국한되지 않고 여러 유형이 복합적으로 혼합되어 발생하는 것으로 나타났다.

(1) 인적 관계의 특수성

경찰에서는 데이트폭력범죄를 '연인 간 폭력'으로 표현하고 있는바, 현장에 출동하여 보면 당사자는 서로가 데이트관계에 있거나 과거에 데이트관계에 있었던 사이이다. 데이트관계는 상대방에 대한 신뢰가 바탕이 되어 형성된 특수한 인적 관계이다. 즉, 혼인을 전제로 데이트관계를 유지하고 있는 경우도 있고, 단순히 서로를 의지하기 위해 데이트관계를 유지하고 있는 경우도 있다. 이러한 특수한 인적 관계는 상대방에 대한 주거지 및 직장, 연락처 등의 개인정보의 공유가 자연스럽게 이루어 질 수 있도록 한다. 또한 서로간의 신뢰는 쉽게 무너지지 않기 때문에 피해자는 데이트폭력범죄를 경험하고서도 피해를 숨기려고 하는 은폐성이 강하고, 그로 인하여 가해자에 대한 처벌을 주저하는 현상이 발생된다. 그뿐만 아니라 피해자는 데이트폭력범죄를 신고 또는 고소·

리나라에서는 음주행위를 공동체적인 경험으로 생각하는 경향이 매우 강하여 과음과 폭음이 쉽게 용납되고 이러한 사회분위기로 인해 음주자가 실수를 하더라도 '술을 마셨으니 이해할 수 있다'는 등, 관대한 태도를 보이고 있는 것에 기인한 것으로 생각된다(강동욱·이원정, "주취상태에서의 강·폭력범죄자의 책임과 양형 분석 2012-2013 의정부경찰서 관내 발생사건을 중심으로", 「한양법학」 제47권 제3호, 한양법학회, 2014, 189-190면); 이러한 주취폭력범죄는 일반적으로 가학성, 돌발성, 기억상실의 특성이 있다고 한다(이원정, "주취폭력범죄의 처벌에 대한 연구", 동국대학교 박사학위 논문, 2015, 44면).

고발한 후에도 반의사불벌죄에 해당하는 범죄의 경우 처벌의사를 철회하는 경우가 많다. 또한 데이트폭력범죄는 애정에 기반한 친밀한 관계 속에서 통제나 학대가 이루어지기 때문에 애정 혹은 질투라는 표현으로 포장되기 쉽고, 이러한 특성상 피해자들은 폭력문제를 외부에 알리기를 망설인다.[88] 그리고 데이트폭력은 친밀한 관계인 사람이 그와 가까운 자신의 연인 등 가장 가까운 사람에 대한 공격이라는 점에서 배우자폭력과 비슷한 모습을 가지며, 폭력을 행사함으로써 인적 관계를 상하·주종의 관계를 형성시킨다.[89]

따라서 데이트폭력범죄는 특수한 인적 관계로 인하여 범죄가 은폐·축소되기도 하고, 상대방의 폭력이 지속되고 있음에도 불구하고 관계가 단절되지 않고 그 이후에도 계속적으로 지속되는 것이다.[90] 이런 특수한 인적 관계는 초기 범죄 이후 살인 등의 강력범죄로 이어지게 할 뿐만 아니라 신고로 인한 2차 보복범죄가 발생되는 원인이기도 하다.

(2) 반복성

일반적으로 발생되는 폭력범죄의 경우에는 대부분의 범죄가 일회성에 그치는 반면에 데이트폭력범죄의 경우에는 반복적으로 발생되고 있다. 더군다나 범죄는 반복되면 될수록 범죄성이 높아진다.[91] 피해자는 미약한 데이트폭력범죄의 경우에는 단순히 그냥 데이트 관계인 연인 간에 있을 수 있는 '사랑싸움' 정도로 잘못 인식함으로써 그 심각성을 인지하지 못하는 경향이 있다.[92] 하지만 이는 데이트폭력범죄의 반복성으로 이어지는 악순환의 원인이 되는 것이다. 현장실무에서 데이트폭력범죄를 경험에 보면, 데이트폭력범죄의 반복성은

88) 홍태경, 앞의 논문, 495면.

89) 배상균, 앞의 논문, 5-6면.

90) 한성훈, 앞의 논문, 266면.

91) 구현근·박현정, "데이트폭력 범죄의 법제도화에 관한 고찰", 「인문사회21」 제11권 제2호, 아시아문화학술원, 2020, 2224면.

92) 박현민·이병도·서우승·이창배, "아동기 직·간접적 폭력 경험이 미혼 성인 남성의 데이트폭력에 대한 편견에 미치는 영향", 「한국경찰학회보」 제21권 제4호, 한국경찰학회, 2019, 76면.

상기한 데이트폭력범죄의 특수성 중 긴밀한 인적 관계와 직접적으로 연결되는 것을 경험할 수 있다. 가해자들은 연인을 자신의 소유물로 생각하고 있으며, 상대방이 자신과의 만남을 단절하는 경우에는 자신의 소유물이 자신을 배신하였다고 잘못 인식하고 있다. 이러한 가해자의 잘못된 인식과 피해자의 특수한 인적 관계에서 발생되는 상대방에 대한 신뢰는 반복적인 데이트폭력범죄를 발생시키는 요인으로 작용하고 있다. 그러므로 반복성은 인적 관계의 특수성과 더불어 데이트폭력범죄의 가장 중요한 특성이라고 할 수 있다.

(3) 집착성

데이트폭력범죄는 데이트관계가 유지되고 있을 때뿐만 아니라 데이트관계가 단절된 경우에도 발생된다. 데이트폭력범죄의 개별유형에 제시된 사례에서 보았듯이 가해자는 데이트관계의 단절을 인정하지 못하고 상대방의 주거 및 직장에 찾아가 소란을 피우거나, 불법촬영물을 빌미로 폭행·협박·성폭행을 하고, 교제를 반대하는 상대방의 부모를 살해하는 범죄를 행하고 있다. 이러한 데이트폭력범죄의 원인은 과거의 가부장적인 사고방식의 영향[93]으로 자신과 교제중인 상대방을 평등과 상호존중의 관계로 보지 않고, 자신이 지배·통제하는 소유물로 잘못 인식하고 있기 때문에 데이트관계의 결별을 이성적으로 받아들이지 못하고 상대방에 대한 집착함에 있다.

현장실무에서 경험해보면, 가해자는 자신의 연인을 인격체가 아니라, 자신의 소유물로 여겨 피해자로 하여금 욕설 등 모욕감을 주는 행동을 하는 것을 많이 접하게 된다. 이러한 가해자의 행동은 데이트폭력범죄의 특성인 집착성에 의한 것으로 상대방에 대한 통제수단으로 범죄행위를 하게 되며, 그 이후에는 보복범죄로 발전되는 경향을 보이고 있다.

93) 김소정, 앞의 논문, 89-90면(1970년대 후반 이후 서구 여성운동의 영향과 함께 여성들의 교육수준이 향상되고 경제활동 참여가 증가되었으며 여성의 권익증진을 위한 제도적 조치들이 시행되면서 양성평등의 가치관이 급속도로 확산되었다. 이러한 변화 속에 한국사회의 전통적인 성역할 태도는 점차 낮아질 것으로 보인다. 그렇지만 이러한 변화에도 불구하고 한국사회는 가부장의 권위를 중심으로 한 전통적인 기대가 잔재되어 있다).

(4) 복합성

데이트폭력범죄는 하나의 범죄만 성립되는 경우보다 여러 범죄가 복합적으로 발생되는 경우가 많다. 이를테면, 위의 사례들에서도 나타나듯이 가해자는 성폭행을 저지르고 감금하여 폭행, 폭행, 공갈·협박을 통한 재산범죄, 주거에 침입하여 살해하는 등의 사례들을 볼 수 있었다. 아울러 가해자의 범행 동기는 우발적인 경우가 가장 높은 것으로 나타나고 있다.[94] 이처럼 데이트폭력범죄가 복합성을 지니고 있는 것은 범죄의 초기단계에서는 상대방의 데이트관계를 계속적으로 유지하기 위한 방법으로 행사되었으나, 점차 상대방이 자신의 의도대로 되지 않음에 따라 범죄의 정도가 커지게 됨으로써 형성되어지는 특성이라고 할 수 있다. 데이트폭력범죄의 복합성은 피해자로 하여금 정신적·신체적 피해를 가중시키는 요소이면서 그에 따른 치유가 어렵다는 문제를 발생시킨다. 따라서 범죄의 복합성은 피해자의 피해를 가중시키는 요소 중에 하나로 데이트폭력범죄의 두드러진 특성이라고 할 수 있다.

94) 강용길·박재풍 외, 앞의 논문, 189면; 박외병, 앞의 논문, 66면(데이트폭력범죄의 가해자의 동기로 "우발적인 경우가 54.9%, 가정불화가 22.6%, 현실불만이 2.5%로" 조사되었다).

제3장

데이트폭력범죄의 관한 법과 제도

제3장 데이트폭력범죄의 관한 법과 제도

제1절 데이트폭력범죄에 관한 법률과 대책

1. 데이트폭력범죄에 관한 법률

(1) 개별법규

현행법에서는 데이트폭력범죄에 대응할 수 있는 법률은 마련되어 있지 않다. 그로 인하여 데이트폭력범죄의 유형에 따라 「형법」, 「경범죄처벌법」, 「성폭력범죄의 처벌 등에 관한 특례법」(법률 제17264호, 시행 2020. 11. 20. ; 이하, '성폭력처벌법'이라 한다.), 「폭력행위 등 처벌에 관한 법률」(법률 제13718호, 시행 2016. 1. 6. ; 이하, '폭력행위처벌법'이라 한다.) 등을 적용하여 처벌하고 있다.

데이트폭력범죄는 일반적인 범죄와 달리 '데이트 관계'라는 특수한 인적 관계에서 발생되는 범죄이며, 「경범죄처벌법」에 규정된 스토킹 범죄와 같이 과거에 형성된 데이트 관계가 현재는 결별에 의해 유지되고 있지 않을지라도 과거의 인적 관계로 인해 발생되는 범죄라는 점에서는 동일하다. 현행 「경범죄처벌법」 제3조 제1항 제41호에서는 스토킹범죄에 해당되는 '지속적 괴롭힘'을 경범죄의 종류에 포함시키고 있으며, "상대방의 명시적 의사에 반하여 지속적으로 접근을 시도하여 면회 또는 교제를 요구하거나 지켜보기, 따라다니기, 잠복하여 기다리기 등의 행위를 반복하여 하는 사람"으로 규정하고 있다. 하지만 그 처벌에 있어서는 "10만원 이하의 벌금, 구류 또는 과료의 형"으로 범죄의 심각성에 비해 매우 미약하다. 그리고 데이트폭력범죄는 동일한 피해자에 대해 반복적으로 피해를 가중시킴에 따라 결국은 강력범죄로 발전될 위험성이 높은 범죄로 취급되어 현재 피해자에 대한 신변보호가 필요한 경우에는 심의를 통하여 피해자를 보호하고 있다.

현장실무에서도 데이트폭력범죄 사건을 처리함에 있어 해당법률이 없기 때문에 사건 관련자들 사이의 관계의 특수성, 높은 재범률 등을 고려하여 가해자 처벌만으로는 피해자 보호가 되지 않아 다시 재범이 반복되는 등 그 해결에 많은 어려움을 겪고 있다. 이런 이유로, 현장 경찰관이나 피해자들은 가정폭력 특별법의 내용에 있는 것처럼 '접근금지' 등 임시조치 규정 등이 규정된 데이트폭력범죄 근절을 위한 특별법이 필요하다고 하고 있다. 이러한 데이트폭력범죄의 발생 및 처리와 처벌상의 문제에 대한 심각성으로 인하여 제20대부터 제21대의 국회에서 입법(안)을 제시하고 있지만 현재까지 법률로 채택되지 못하고 있는 실정이다.

따라서 데이트폭력범죄가 사회적 문제로 거론되는 현시점에 효율적으로 대응하기 위해서는 그 특성을 고려한 입법이 이루어져야 한다. 즉, 데이트폭력범죄에 대응한 입법은 사전에 범죄를 예방할 수 있어야 하고, 피해자의 피해구제와 가해자의 재범을 방지 할 수 있는 방향으로 형성되어야 할 것이다.

(2) 입법 추진 동향

데이트폭력범죄와 관련하여 지난 제20대부터 현재 제21대까지의 국회에서 입법 발의된 법률안의 주요 내용을 분석해 보면 아래와 같다.

1) 입법(안)

가. 데이트폭력 등 관계집착 폭력행위의 방지 및 피해자보호에 관한 법률(안)[95]

표창원 의원이 대표발의 한 '데이트폭력 등 관계집착 폭력행위의 방지 및 피해자 보호에 관한 법률(안)'의 제안이유는 첫째, "데이트폭력은 주로 긴밀한 인

95) 국회 의안정보시스템(의안번호: 2008429, 입법발의 2017년 8월 8일).

적 관계에서 발생하기 때문에 장기간 지속되거나 은폐되어 피해가 가중될 위험이 있음에도 불구하고, 피해자가 이를 회피하거나 보호를 요청할 법적 수단이 거의 없는 실정"이다. 둘째, "그 동안 데이트폭력을 사적 영역의 경미한 범죄로 간주해온 사회적 분위기로 인하여 경찰 등 수사기관도 범죄 발생이 명백하지 않은 한 미온적으로 대처해온 측면"이 있다. 셋째, 데이트폭력은 "스토킹 또한 주로 인적 관계에서의 집착으로 인하여 발생"하고 있으나, "구체적으로 범죄가 발생하기 전에는 사법적 대응이 사실상 어렵다"는 점에서 스토킹과 유사한 특수성이 있다. 하지만 "현행법상 스토킹을 제재하거나 피해자를 보호할 제도적 수단 또한 미비한 실정"이다.

따라서 본 입법안은 "데이트폭력 및 스토킹 행위로부터 피해자를 사전에 보호하고, 가해행위가 더욱 심각한 범죄로 이어지는 것을 방지하기 위하여 국가가 보다 적극적으로 대응[96)]할 수 있도록 법적 근거를 마련하여 국민의 생명과 신체를 보호하고, 자유로운 생활형성을 보장"하고자 함에 있다.

'데이트폭력 등 관계집착 폭력행위의 방지 및 피해자 보호에 관한 법률(안)'의 주요내용으로는 다음과 같다.

첫째, 이 법률안의 목적은 "데이트폭력·스토킹 등 인적 관계에 관한 집착을 원인으로 발생하는 폭력행위를 예방하고 사생활에 대한 일방적인 침해를 방지하며 그 피해자를 보호·지원함으로써 국민의 안전과 사생활의 평온을 보장"함에 있다(안 제1조). 둘째, 국가 및 지방자치단체의 의무로 "국가와 지방자치단체는 데이트폭력 및 스토킹의 예방 및 방지와 피해자 보호지원을 위하여 필요한 조치를 취할 의무가 있음"을 명시하였다(안 제3조). 셋째, 데이트폭력 또는 스토킹 행위에 대한 신고의무로 "누구든지 데이트폭력 또는 스토킹 행위가 발생하였음을 알게 되었거나 그 의심이 있는 때에는 수사기관에 이를 신고할 수 있으며, 직무 또는 상담 등을 통하여 데이트폭력 또는 스토킹 행위를 알게 된

96) 본 입법안에서는 데이트폭력 및 스토킹 행위에 대한 구체적 대응으로 "피해자가 데이트폭력 또는 스토킹 피해를 우려하는 경우 신변보호를 요청할 수 있도록 하고, 신고가 있을 경우 경찰이 반드시 현장에 출동하여 신고 사실을 조사하는 등 필요한 보호조치를 하도록 하며, 법원의 결정으로 재발 방지를 위한 조치"를 제안하고 있다.

의료인, 구급대원 등에 대하여 신고의무"를 부과하였다(안 제7조). 넷째, 신변보호에 관한 내용으로 "누구든지 데이트폭력 또는 스토킹 행위로 인하여 피해를 입었거나 피해를 우려하는 때에는 주거지나 현재지를 관할하는 경찰서장에게 신변안전을 위한 조치를 신청할 수 있으며 신청을 받은 경찰서장은 지체 없이 필요한 조치"를 하도록 하였다(안 제8조). 다섯째, 사법경찰관리의 조치사항으로 "사법경찰관리는 데이트폭력 및 스토킹 신고가 접수된 때에는 지체 없이 현장에 출동하여 행위의 제지, 행위자와 피해자의 분리, 관계인의 조사 등의 조치"를 하도록 하였다(안 제9조). 여섯째, 임시조치에 대한 내용으로 "검사 또는 경찰서장은 데이트폭력이 재발하거나 스토킹이 지속될 우려가 있을 때에는 관할 지방법원에 임시조치를 청구할 수 있으며 청구를 받은 지방법원 판사는 6개월 이내의 기간을 정하여 결정으로 행위자에게 임시조치의 이행을 명" 할 수 있도록 하였다(안 제10조). 일곱째, 금지사항으로 "피해자에 대한 불이익한 처우와 피해자의 인적사항·사생활의 비밀을 누설하는 것을 금지"하였다(안 제11조 및 제12조). 여덟째, 피해자 지원에 대한 임의규정으로 "피해자에 대하여 법률상담 등과 의료비의 지원을 할 수 있도록" 하였다(안 제13조 및 제14조). 아홉째, 국가 또는 지방자치단체의 지원에 관한 사항으로 "국가 또는 지방자치단체는 「가정폭력방지 및 피해자보호 등에 관한 법률」에 따른 가정폭력 관련 상담소, 「성폭력방지 및 피해자 보호 등에 관한 법률」에 따른 성폭력 피해상담소 등 유관기관에서 피해자를 지원하도록 하고, 그에 따라 필요한 예산을 지원"할 수 있도록 하였다(안 제15조). 열 번째, 벌칙에 관한 사항으로 "임시조치를 불이행한 사람에 대한 벌칙을 규정하고(안 제16조 제1항), 현장조사를 거부한 사람에 대한 과태료를 부과"하도록 하였다(안 제17조).

나. 데이트폭력방지 및 피해자보호 등에 관한 법률(안)[97]

신보라의원(1)이 대표발의 한 '데이트폭력방지 및 피해자보호 등에 관한 법률(안)'의 제안이유는 첫째, "최근 동거녀 살인사건 등 데이트폭력으로 인한 강력

97) 국회 의안정보시스템(의안번호:2009972, 입법발의 2017년 11월 1일).

범죄 피해가 계속 발생하면서 심각한 사회문제로 대두"되고 있다. 둘째, "가정폭력과 성폭력에 대해서는 처벌법을 통하여 엄격히 규율하고, 피해자를 보호·지원하는 근거 또한 피해자 보호 및 방지법에 마련되어 있는 반면, 혼인을 전제로 하지 않은 연인관계에서 발생하는 데이트폭력에 대해서는 폭력의 정도가 살인에 이르는 등 피해자에게 미치는 정신적·신체적 영향이 매우 심각함에도 이를 연인관계에서 발생하는 사랑싸움 정도로 치부해왔던 것이 현실"이었다.

따라서 본 법률안은 "데이트폭력은 발생 초기 가해자로부터 피해자를 보호하고 적극적으로 추가 피해를 예방하여야 하는 만큼 피해자 보호와 지원 근거를 마련함으로써 데이트폭력으로부터 피해자를 보호"하는데 있다. '데이트폭력 방지 및 피해자보호 등에 관한 법률(안)'의 주요내용으로는 다음과 같다.

첫째, 이 법률안의 목적은 "데이트폭력을 예방하고 데이트폭력 피해자를 보호·지원함"에 있다(안 제1조). 둘째, 데이트폭력 실태조사에 대하여 "여성가족부장관은 3년마다 데이트폭력 실태조사를 실시하고, 그 결과를 발표"하도록 하였다(안 제4조). 셋째, 데이트폭력 예방을 위하여 "국가기관, 지방자치단체 및 각급 학교의 장은 데이트폭력 예방교육을 실시"하도록 하였으며(안 제5조), 데이트폭력 예방과 방지를 위하여 "여성가족부장관은 데이트폭력 예방과 방지를 위해 데이트폭력의 위해성 및 피해자 지원 등에 관한 홍보영상을 제작·배포"하도록 하였다(안 제9조). 넷째, 피해자의 보호·지원을 위하여 "국가기관 또는 지방자치단체는 피해자의 보호·지원 등을 위하여 피해자 지원기관에 피해자 지원에 관한 업무를 위탁"할 수 있도록 하였다(안 제6조). 다섯째, 벌칙에 관한 사항으로 정당한 사유없이 제10조 제1항의 여성가족부장관 또는 지방자치단체의 장의 보고 및 검사 등에 관한 사항을 위반한 사람 또는 "조사·검사를 거부하거나 기피한 사람에게는 300만원 이하의 과태료를 부과"하도록 하고 있다.

다. 데이트폭력범죄 처벌 등에 관한 특례법(안)[98]

신보라의원(2)이 대표발의 한 '데이트폭력범죄 처벌 등에 관한 특례법(안)'의 제안이유는 첫째, "최근 동거녀 살인사건 등 데이트폭력으로 인한 강력범죄 피해가 계속 발생하면서 데이트폭력이 심각한 사회문제로 대두"되고 있다. 둘째, "가정폭력에 대해서는 특례법을 제정하여 엄격히 규율하고 있는 반면, 혼인을 전제로 하지 않은 연인관계에서 발생하는 데이트폭력에 대해서는 폭력의 정도가 살인에 이르는 등 그 정도가 매우 심각함에도 이를 연인관계에서 발생하는 사랑싸움 정도로 치부해왔던 것이 현실"이다. 셋째, "데이트폭력의 피해자가 목숨까지 위협받는 상황에서 이를 강력하게 규율할 법적인 장치의 부재로 인해 데이트폭력이 근절되지 못하고 있다는 지적"이 있다.

따라서 본 법률안은 "데이트폭력은 초기 대처를 못하면 재발률이 높고, 강력범죄로 변할 가능성이 큰 만큼 발생 초기에 적극적으로 대응하여 추가 피해를 예방하도록 함으로써 데이트폭력으로부터 피해자를 보호"하는데 있다. '데이트폭력범죄 처벌 등에 관한 특례법(안)'의 주요내용으로는 다음과 같다.

첫째, 이 법률안의 목적은 "데이트폭력범죄의 처벌 및 절차에 관한 특례를 정함으로써 데이트폭력범죄를 예방하고 데이트폭력범죄로부터 피해자를 보호함"에 있다(안 제1조). 둘째, 데이트폭력범죄의 신고 및 현장조치에 관한 사항으로 "데이트폭력범죄를 신고받은 사법경찰관리는 즉시 현장에 나가서 데이트폭력행위의 제지, 데이트폭력행위자·피해자의 분리 등의 현장조치를 취"하도록 하였다(안 제4조). 셋째, 임시조치의 청구 및 긴급임시조치에 관한 사항으로 "검사는 데이트폭력범죄 재발 우려가 있고 피해자 보호를 위하여 직권 또는 사법경찰관의 신청으로 법원에 임시조치를 청구할 수 있도록 하고, 사법경찰관은 긴급을 요하는 경우 긴급임시조치"를 할 수 있도록 하였다(안 제6조 및 제7조). 넷째, 임시조치에 관한 사항으로 "판사는 데이트폭력범죄 사건의 원활한 공판진행 또는 피해자보호를 위하여 데이트폭력행위자를 피해자의 방실로

98) 국회 의안정보시스템(의안번호: 2009973, 2017년 11월 1일).

부터 격리하거나, 피해자의 주거·직장 등에서 100미터 이내의 접근을 금지하는 등의 임시조치"를 할 수 있도록 하였다(안 제9조). 다섯째, 피해자의 신변안전조치에 관한 사항으로 "검사 또는 경찰서장은 피해자 등의 신청으로 피해자를 일정 기간 특정시설에서 보호, 신변경호, 수사기관에의 출석·귀가 시 동행, 피해자 주거지에 대한 주기적 순찰 등의 신변안전조치"를 하도록 하였다(안 제11조). 여섯째, 피해자보호명령 등에 관한 사항으로 "판사는 피해자 보호를 위하여 데이트폭력 행위자를 피해자의 방실로부터 격리하거나, 피해자의 주거·직장 등에서 100미터 이내의 접근을 금지하는 등의 피해자보호명령"을 할 수 있도록 하였다(안 제17조). 일곱째, 데이트폭력범죄의 처벌에 관한 특례에서 형벌과 수강명령 등의 병과에 관한 사항으로 "법원은 데이트폭력범죄를 범한 사람에 대하여 유죄판결을 선고하는 경우에는 재범예방에 필요한 수강명령 또는 데이트폭력 치료프로그램의 이수명령을 병과"할 수 있도록 하였다(안 제21조). 여덟째, 벌칙에 관한 사항으로 "피해자보호명령 불이행 및 이수명령 불이행 등의 경우에 형사처벌하도록 하고, 임시조치 불이행의 경우 과태료를 부과"하도록 하였다(안 제22조부터 제25조까지).

라. 데이트폭력범죄의 처벌 등에 관한 특례법(안)[99)]

박남춘 의원이 대표발의 한 '데이트폭력범죄의 처벌 등에 관한 특례법(안)'의 제안이유에서 "우리사회는 데이트폭력을 경미한 범죄라고 취급하여 별다른 대책을 강구하지 않음에 비해 최근 데이트폭력의 피해 인원이 상당한 수준이고(2015년 기준 7,500명), 더욱이 데이트폭력 이후의 살인·자살·강간·상해 등의 심각한 2차 범죄로 확대 재생산되는 사례가 증가하고 있다. 그러나 데이트폭력범죄가 폐쇄적인 관계에서 발생하여 국가가 인식하거나 개입하는 데 한계가 있어 현행 형사법 체계로는 이를 근절하기 어려움"에 있다고 하였다. 따라서 본 법률안은 "데이트폭력범죄 조사·수사, 피해자 보호, 데이트폭력범죄 행위자의 수강·상담·치료 등 데이트폭력범죄의 형사처벌 절차에 관한 특례를

99) 국회 의안정보시스템(의안번호:2010755, 2017년 12월 11일).

정함으로써 데이트폭력범죄자의 성행을 교정하고, 데이트폭력범죄로부터 피해자를 보호"하려는 데 있다. '데이트폭력범죄의 처벌 등에 관한 특례법(안)'의 주요내용으로는 다음과 같다.

첫째, 이 법률안의 목적은 "데이트폭력범죄의 형사처벌 절차에 관한 특례를 정하고 데이트폭력범죄를 범한 사람에 대하여 환경의 조정과 성행(性行)의 교정을 위한 보호처분을 함으로써 데이트폭력으로부터 피해자를 보호함"에 있다(안 제1조). 둘째, 데이트폭력범죄의 신고의무 등에 관한 사항으로 "직무 또는 상담 등을 통하여 데이트폭력범죄를 알게 된 의료인, 구급대원 등에 대하여 신고의무"를 부과하였다(안 제4조). 셋째, 임시조치의 청구와 관련하여 "검사는 사법경찰관리의 응급조치에도 불구하고 데이트폭력범죄가 재발할 우려가 있는 경우에는 법원에 격리와 접근금지 등의 임시조치를 청구"할 수 있도록 하였다(안 제8조). 넷째, 데이트폭력보호사건의 처리에 관한 사항으로 "검사는 데이트폭력범죄로서 사건의 성질·동기 및 결과, 데이트폭력행위자의 성행 등을 고려하여 이 법에 따른 보호처분이 상당하다고 인정하는 경우에는 데이트폭력보호사건으로 처리"할 수 있도록 하였다(안 제11조). 다섯째, 데이트폭력행위자에 대한 법원의 송치와 관련하여 "법원은 데이트폭력 피해사건을 심리한 결과 보호처분에 처함이 상당하다고 인정하는 경우에는 사건을 데이트폭력 보호사건의 관할 법원으로 송치"할 수 있도록 하였다(안 제15조). 여섯째, 피해자의 진술권 등과 관련하여 "피해자의 신청이 있는 경우 피해자를 증인으로 신문하고 이 경우 해당 데이트폭력 보호사건에 관한 의견을 진술할 기회를 주는 등 피해자의 진술권을 보장"하도록 하였다(안 제38조)[100]. 일곱째, 데이트폭력범죄의 행위자에 대한 보호처분에 관한 사항으로 "판사는 심리결과, 보호처분이 필요하다고 인정하면 결정으로 접근제한, 사회봉사·수강명령, 보호관찰, 감호위탁 등의 보호처분"을 할 수 있도록 하였다(안 제45조). 여덟째, 민사처리에

100) '데이트폭력범죄의 처벌 등에 관한 특례법' 안 제38조 제1항에서는 다음 각 호의 경우에는 예외로 하고 있다.

1. 신청인이 이미 심리 절차에서 충분히 진술하여 다시 진술할 필요가 없다고 인정되는 경우
2. 신청인의 진술로 인하여 심리 절차가 현저하게 지연될 우려가 있는 경우

관한 특례로 “피해자가 받은 물적피해나 치료비에 대하여 신속한 민사처리 절차가 진행될 수 있도록 「소송촉진 등에 관한 특례법」의 내용과 유사한 규정”을 두었다(안 제69조부터 제75조까지). 아홉째, 벌칙에 관한 사항으로 “보호처분 등의 의무를 위반한 자에 대하여는 보호처분 등의 불이행죄로 처벌하는 규정”을 두었다(안 제76조).

마. 데이트폭력범죄 처벌 등에 관한 특례법(안)[101)]

함진규 의원이 대표발의 한 ‘데이트폭력범죄 처벌 등에 관한 특례법(안)’의 제안이유는 “최근 연인을 대상으로 한 범죄가 끊임없이 발생하고 있지만, 이를 애인사이에서 발생하는 사적인 문제로 취급하는 등 데이트폭력에 대한 인식부족으로 그 피해가 근절되지 못하고 있다. 현재 데이트폭력과 관련하여 별도의 처벌규정은 없고 데이트폭력의 경우 통상적인 폭력범죄로 처벌이 이루어지고 있는데, 데이트폭력에 의한 살해 등 강력범죄 피해자가 증가하고 있는 현실을 고려할 때, 현행법 체계의 사각지대에 있는 데이트폭력을 규율할 수 있는 별도의 법체계가 필요하다. 한편, 연구 자료에 의하면 2005년부터 2014년까지 연인을 상대로 한 폭력이 매년 평균 7,150건 발생하였고, 이 중 전과자의 비율이 76.6%에 이르는바, 연인 간에 상대방의 전과정보를 조회할 수 있게 하여 스스로 범죄를 예방할 수 있도록 영국의 ‘가정폭력전과공개제도(클레어법)’를 도입할 필요가 있다”고 하였다. 따라서 본 법률안은 “데이트폭력범죄의 형사처벌 절차에 관한 특례를 정함으로써 데이트폭력범죄를 예방하고 데이트폭력범죄로부터 피해자를 보호”하려는 데 있다.

‘데이트폭력범죄 처벌 등에 관한 특례법(안)’의 주요내용으로는 다음과 같다.

첫째, 이 법률안의 목적은 “데이트폭력범죄의 형사처벌에 관한 특례를 정함으로써 데이트폭력범죄를 예방하고 데이트폭력범죄로부터 피해자를 보호함”에 있다(안 제1조). 둘째, 데이트폭력범죄의 신고 및 현장조치에 관한 사항으로 “데이트폭력범죄를 신고받은 사법경찰관리는 즉시 현장에 나가서 데이트폭력

101) 국회 의안정보시스템(의안번호:2010755, 2017년 12월 11일).

행위의 제지, 데이트폭력행위자·피해자의 분리 등의 현장조치"를 취하도록 하였다(안 제4조). 셋째, 피해자에 대한 신변안전조치에 관한 사항으로 "검사 또는 경찰서장은 피해자 등의 신청으로 피해자를 일정 기간 특정시설에서 보호, 신변경호, 수사기관에의 출석·귀가 시 동행, 피해자 주거지에 대한 주기적 순찰 등의 신변안전조치"를 하도록 하였다(안 제5조). 넷째, 임시조치와 긴급임시조치에 관하여 "검사는 데이트폭력범죄 재발 우려가 있고 피해자 보호를 위하여 직권 또는 사법경찰관의 신청으로 법원에 임시조치를 청구할 수 있도록 하고, 사법경찰관은 긴급을 요하는 경우 긴급임시조치"를 할 수 있도록 하였다(안 제6조부터 제8조까지). 다섯째, 데이트폭력범죄의 행위자에 대한 임시조치에 관한 사항으로 "판사는 데이트폭력범죄사건의 원활한 공판진행 또는 피해자 보호를 위하여 데이트폭력 행위자를 피해자의 방실로부터 격리하거나 피해자의 주거·직장 등에서 100미터 이내의 접근을 금지하는 등의 임시조치"를 할 수 있도록 하였다(안 제9조). 여섯째, 데이트폭력범죄 전과기록의 공개에 관해서는 "검사는 직권 또는 사법경찰관의 신청으로 법원에 데이트폭력 행위자에 대한 데이트폭력범죄 경력의 공개를 청구할 수 있도록 하고, 피해자 등은 검사 또는 사법경찰관에게 데이트폭력범죄 경력 공개의 청구 또는 그 신청을 요청"할 수 있도록 하였다(안 제11조). 일곱째, 벌칙에 관해서는 "임시조치 불이행이나 데이트폭력범죄 경력의 목적 외 사용, 공개 등의 경우에 처벌"하도록 하였다(안 제14조).[102)]

바. 데이트폭력등 방지 및 피해자보호 등에 관한 법률(안)[103)]

윤영석 의원이 대표발의 한 '데이트폭력등 방지 및 피해자보호 등에 관한 법률(안)'의 제안이유는 "최근 연인 등 친밀한 관계 사이에서 발생하는 데이트폭력이나 스토킹과 같은 지속적 괴롭힘이 살인 등 강력범죄로 이어지는 경우가 많아 이에 대한 사회적 관심이 높아지고 있다. 그러나 가정폭력과 성폭력에 대

102) 김한중·강동욱a, 앞의 논문, 197-200면.

103) 국회 의안정보시스템(의안번호 : 2105177, 2020년 11월 10일).

해서는 관련 법률이 제정되어 폭력행위자에 대한 처벌과 피해자 보호가 이루어지고 있는 반면에, 연인 관계에서 발생하는 데이트폭력이나 스토킹에 대해서는 별도의 법률이 없는 실정"이다. 따라서 본 법률안은 "데이트폭력등 예방교육의 실시, 피해자지원기관의 운영, 피해자보호 등에 필요한 사항을 규정함으로써, 데이트폭력등을 예방·방지하고 데이트폭력등의 피해자를 보호·지원" 하려는 데 있다. '데이트폭력등 방지 및 피해자보호 등에 관한 법률(안)'의 주요내용으로는 다음과 같다.

첫째, 이 법률안의 목적은 "데이트폭력범죄등을 예방·방지하고 데이트폭력등의 피해자를 보호·지원함"에 있다(안 제1조). 둘째, 용어의 정의로 "데이트폭력등의 용어 정의와 데이트폭력등범죄에 해당하는 죄"를 규정하였다(안 제2조). 셋째, 데이트폭력범죄에 대한 국가 등의 책무로 "국가와 지방자치단체는 데이트폭력등을 예방·방지하고 피해자를 보호·지원하기 위한 조치"를 하도록 하였다(안 제3조). 넷째, 데이트폭력 등에 대한 실태조사는 "여성가족부장관은 3년마다 데이트폭력등에 대한 실태조사를 실시하여 그 결과를 발표하고 정책수립의 기초자료로 활용"하도록 하였다(안 제4조). 다섯째, 데이트폭력 범죄예방을 위한 교육실시에 관한 사항들을 정하였다(안 제5조). 여섯째, 피해자지원에 관한 사항으로 "피해자를 보호·지원하기 위하여 피해자지원기관에 대한 내용"을 정하였다(안 제6조). 일곱째, 사법경찰관리의 현장출동 등에 관해서는 "신고가 접수된 때에는 지체 없이 데이트폭력등의 현장에 출동하도록 하고 있으며, 사법경찰관리의 조사에 관한 내용"을 규정하였다(안 제9조). 여덟째, 피해자의 보호를 위한 내용으로 "「가정폭력범죄의 처벌 등에 관한 특례법」 제5조, 제8조, 제8조의2, 제8조의3, 제29조, 제29조의2 및 제49조부터 제53조까지의 규정을 준용"하도록 하고 있다.

2) 각 법률안의 비교고찰

각 법률안들을 비교하여 주요내용을 중심으로 정리해 보면 다음 〈표 3-1〉와 같다.

〈표 3-1〉 각 법률안의 주요내용의 비교

(단위 : 명, %)

구분	표창원	신보라 (1)	신보라 (2)	박남춘	함진규	윤영석
데이트폭력 정의	○	○	○	○	○	○
형법상 죄명규정	×	○	○	○	○	○
예방교육 실시	○	○	×	×	×	○
실태조사	여성가족부 장관 (해마다)	여성가족부 장관 (3년마다)	×	×	×	여성가족부 장관 (3년마다)
신고 의무자	○	×	○	○	×	×
임시조치·긴급임시 조치	·임시조치 (○) ·긴급임시조치 (×)	×	○	○	○	○
사법경찰관의 응급조치	○	×	○	○	○	○
신변보호등 피해자보호	○	×	○	○	○	○
형법상 감경규정에 관한 특례	×	×	○	○	○	×

※ 출처 : 국회 의안정보시스템의 입법발의안 자료를 참조하여 작성함.

2. 데이트폭력범죄에 관한 대책

(1) 경찰

데이트폭력범죄는 법적인 대응방법 이외에도 국가의 정책적인 부분도 매우 중요하다. 경찰에서는 데이트폭력범죄의 심각성을 인지하고 주기적으로 집중신고제도를 운영하고 있다. 최근에는 2020년 7월 1일부터 8월 31일까지 2개월 동안 데이트폭력 근절을 위한 집중신고기간을 운영하였다.[104] 경찰은 집중신고기간의 실효성을 높이기 위해 피해자 보호와 홍보활동에 역량을 집중하였다. 이 운영 기간의 특징으로는 여성이 찾는 온라인과 오프라인 공간에서 데이트폭

104) 경찰청브리핑, "경찰, 데이트폭력 근절을 위한 집중신고기간 운영 결과": htpps://www.police.go.kr(검색일 : 2020. 12. 28.).

력범죄의 위험성을 알리고, 신고를 유도하는 한편, 피해자가 가해자의 폭력에 대항하는 경우에는 정당방위 적용을 검토하고, 피해자에 대하여 지원대책도 강화하였다. 또한, 데이트폭력범죄 신고의 경우에는 112신고 지령시 코드0 또는 1로 지정하여 가장 긴급한 신고로 분류되어 긴급신고로 출동하고 있다.

현장에 출동한 경찰은 가해자와 피해자를 격리한 뒤 진술을 듣고, 사건의 경중을 불문하고 데이트폭력범죄 가해자에 대해 '서면 경고장'을 배부하게 된다. 특히 폭행 및 협박을 수반하는 데이트폭력범죄의 경우에는 피해 내용과 상습성, 위험성, 죄질 등을 종합적으로 수사해 구속 등의 조치로 대처한다. 그리고 모든 피해자에게 관련절차와 지원기관 등의 내용을 담은 '권리고지서'가 서면으로 교부되며, 전국 경찰서에 설치된 데이트폭력 근절 '태스크포스'(TF)를 가동해 피해자와의 핫라인을 구축하고, 신변 경호, 주거지 순찰강화, 112긴급 신변보호대상자 등록을 실시하는 등 맞춤형 신변보호 조치를 제공하고 있다. 또한, 데이트폭력범죄는 상습성, 재발 우려 등 피해자 보호에 대한 부분이 가장 큰 문제로 보고 있으며, 이 문제를 해결하기 위해 임시 숙소제공, 스마트워치 지급 등 피해자 보호에 대해서 노력하고 있다.

그리고 현재 '여성 긴급전화'센터와 '여성폭력 사이버 상담'을 통해 온·오프라인으로 긴급 상담을 제공하고 있으며, 여성긴급전화(1366)센터와 경찰서가 협업해 데이트폭력 피해자에 대해서 '경찰서로 찾아가는 현장상담'을 운영하고 있다. 또한 '1366 긴급피난처'를 통해 최장 1개월까지 보호를 받을 수 있는 일시보호 서비스, 데이트폭력범죄 피해자를 대상으로 하는 치료회복프로그램을 개발하여 운영하고 있을 뿐만 아니라 해바라기센터 등을 통해 심리치료 지원 서비스도 제공한다. 아울러 법무부의 '법률홈닥터'사업과 연계해 데이트폭력범죄 피해자에 대한 법률상담도 지원하고 있다.

이처럼 데이트폭력범죄를 접수 및 출동, 고소, 고발 등 가장 빠르게 접하게 되는 것은 경찰이다. 그렇기 때문에 경찰기관에서는 주기적으로 데이트폭력범죄에 대한 집중신고 및 집중단속기간을 운영하는 등 많은 정책들이 필요하다고 사료된다.

(2) 검찰

검찰은 2018년 7월부터 데이트폭력 '삼진 아웃제'[105]를 시행하여 같은 피해자를 상대로 데이트폭력을 행사하거나, 데이트폭력으로 수사 중인 사건이 2건 이상인 자가 다시 데이트폭력을 행한 경우, 또는 한 사건에서 데이트 폭력이 3차례 이상인 경우에는 재판에 넘기기로 했다. 그리고 가해자에 대한 구속수사도 적극적으로 검토하여 데이트폭력이 2번째인 경우라도 1번째 범행보다 중대한 경우에는 사안에 따라 구속기소를 고려할 방침이라고 밝혔다. 게다가 피해자가 처벌을 원하지 않음에 따라 '공소권 없음'으로 끝나는 경우에도 지금까지와 달리 '삼진 아웃'을 판단하는 요소에 포함시켜 피해자를 촬영한 동영상을 유포하는 등 죄질이 나쁜 경우에는 가중하여 구형할 수 있도록 했다. 그러나 검찰이 시행한 '데이트폭력 삼진 아웃제'에서는 반복적으로 범행을 저지른 가해자에 대해 범행 경위 및 피해 정도 등을 종합적으로 고려하여 최초 범행이라도 구속 기소할 수 있음을 제시하였지만, 데이트폭력범죄는 일반폭행 사건처럼 가해자와 합의를 하게 되면 처벌할 수 없기 때문에 별다른 효과를 거두지 못하고 있다. 또한, 데이트 폭력범죄는 대부분 흉기를 사용하지 않는 단순폭행으로 처리 되고 있으며, 양형의 기준이 없다는 것이 데이트폭력범죄의 재범률을 높이고 있다고 볼 수 있다.

(3) 여성가족부

여성가족부는 2018년에 데이트폭력의 상담 및 신고건수를 분석한 결과를 토대로 전년도 대비 데이트폭력이 증가 추세를 보임으로서 '데이트폭력 사건처리기준'마련 및 피해자 지원·보호조치강화를 하기로 했다. 여성가족부는 데이트폭력범죄가 일반적인 폭력사건에 비해 더 엄격하게 처벌할 수 있도록 사건처리 기준을 마련하고, 피해자 보호를 위해 가정폭력처벌법상 접근금지, 통신차단 등의 임시조치를 '혼인생활과 유사한 정도의 공동생활을 영위하는 동거

105) 한겨레, "데이트 폭력 '삼진아웃제'시행.... 구속수사 확대" : http://www.hani.co.kr/arti/society/society_general/851401.html(검색일 : 2020. 12. 11.).

관계'까지 적용할 방안이다. 또한, 피해자와의 관계를 악용한 데이트폭력범죄는 양형단계에서 적정 형량이 선고될 수 있도록 사건처리 기준 등을 마련하기로 했다. 이 밖에 공공부문 성폭력·가정폭력 의무예방교육에 데이트폭력에 관한 내용을 포함시키고, 일상 속에서 발생할 수 있는 데이트폭력범죄를 예방하기 위한 콘텐츠를 개발 및 보급을 통해 일반국민을 대상으로 '찾아가는 폭력예방교육'에 활용하는 등 예방교육과 국민인식 개선을 위한 홍보도 강화하여 데이트폭력범죄에 정책적 대응을 하고 있다.[106] 그뿐만 아니라 최근의 연인사이의 성관계를 촬영한 후 나중에 연인을 협박하는 수단이 되어 문제가 되고 있는 소위 '리벤지포르노' 문제에 대응하기 위하여 여성가족부는 '디지털 성범죄 피해자 지원센터'등에서 모니터링 및 삭제를 지원하고 있다.[107]

제2절 데이트폭력범죄의 처리절차 및 피해자보호제도

현재 경찰의 범죄피해자 보호 및 지원활동은 '국민의 안전한 생활을 보장'하기 위한 헌법상 책무이다. 경찰에서 국민의 생활안전을 보장하기 위한 근거법률은 「경찰관 직무집행법」(법률 제16036호, 시행 2019. 6. 25.), 「범죄피해자보호법」(법률 제14583호, 시행 2017. 3. 14.)등이 있다. 경찰은 국민의 생명과 신체를 보호하는 것을 최우선의 임무이며, 형사사법절차의 진행과정 중 최초의 수사관문이라는 점에서 피해자의 보호가 우선되어야 하는 중요한 임무를 지고 있다.[108] 경찰에서의 피해자보호는 단순히 피해자의 권리보호의 역할만 있는 것이 아니라 수사단계에서 피해자 보호에 충실한 것은 궁극적으로 실체적 진실발견과 국가 형벌권 확립에도 도움이 된다.[109] 또한 범죄로 발생된 손

106) 여성가족부, "스토킹·데이트폭력 대응" : http://www.mogef.go.kr/io/ind/io_ind_s044d.do?mid=info310(검색일 2020.12.12.).

107) 서울지방경찰청, 「2차 피해 방지를 위한 상황별 Q&A」, 서울지방경찰청, 2020, 97면.

108) 경찰청a, 「피해자보호·지원 매뉴얼」, 경찰청, 2019, 30면(피해자 보호·지원에 대한 경찰의 의무로는 수사절차상 권리고지 및 정보제공, 신변보호, 범죄예방과 제지, 지원절차의 연계·설명 등이 있다).

109) 경찰청a, 앞의 책, 31면(피해자는 가장 중요한 수사협조자로서 그들의 입장과 충격을 이해하고 도움을

실을 복구하고 일상으로 복귀하기 위한 다양한 지원제도의 허브역할도 경찰에게 요청되는 임무 중의 하나이다. 그러므로 피해자의 보호체계의 효율성과 효과성을 높이기 위해서는 범죄발생부터 사후 복구까지 연쇄적 단계로 구성된 만큼, 범죄발생 초기에 유관기관과의 연계가 강화되어야 한다.[110)]

전술한 바와 같이 최근 데이트폭력범죄는 단순히 '연인간의 싸움'으로 여김으로써 범죄의 심각성에 대해 무심했던 과거와 달리 살인, 강간, 스토킹 범죄 등과 같은 강력범죄로 전의되고 있으며 지속적인 폭력과 범죄사실의 은폐로 인하여 그 피해의 정도는 시간이 지날수록 커지고 있다. 그럼에도 불구하고 현재까지도 데이트폭력의 피해자 보호를 위한 법적 수단이 미비한 실정이다. 따라서 본 절에서는 현장실무에서 발생되는 경찰의 데이트폭력범죄의 처리절차와 문제점, 경찰의 수사절차외의 보호제도에 대해서 살펴본다.

1. 경찰의 데이트폭력범죄 처리절차

데이트폭력범죄의 신고는 주로 112를 통해 이루어지고 있으며, 범죄신고 접수 시에 피해자의 피해상황을 정확히 파악하여 필요한 조치를 취해야 한다. 만약 피해자가 신체적 피해를 입은 경우에는 즉시 119와 연계하여 응급의료조치가 취해질 수 있도록 조치해야 한다. 그 다음 피해자의 상태를 확인한 후에는 다른 위해(危害)요소가 없는지 등을 재확인하여 위험상황으로부터 안전을 확보할 수 있도록 안내해야 하며, 경찰이 출동하고 있음을 주지시켜 흥분상태에 있는 피해자를 안심시켜 또 다른 위험상황에 빠지지 않도록 해야 한다. 이러한 조치를 함에 있어 경찰관은 무엇보다 선입견에 의한 주관적 판단으로 사건의 진상을 잘못 파악하지 않도록 유의하도록 하고 있다. 특히 성폭력 사건의 경우에는 피해자가 경찰관이 출동해 주기를 원하는 장소를 파악하여, 노출 및 비노

주었을 때 그들로부터 자발적인 수사협조를 얻게 되고 이는 실체적 진실발견의 시작이 될 수 있다).

110) 경찰청a, 앞의 책, 2019, 31면(피해자 보호 및 지원을 강화하기 위한 경찰의 역할로는 성폭력범죄의 경우 성폭력통합지원센터, 강력범죄의 경우는 스마일센터와 범죄피해자지원센터, 재피해의 경우는 보호시설, 외상 후 스트레스장애(PTSD)의 경우는 상담소, 긴급복지는 지방자치단체, 법률지원은 대한법률구조공단과 초기에 연계 강화되어야 한다).

출 출동여부를 판단하는 등 경찰관 출동으로 인한 피해사실 유출에 유의해야 한다.[111)]

현재 경찰에서는 데이트폭력범죄의 경우에 112 신고 접수단계부터 코드(Code)0과 코드(Code)1로 분류하여 가장 긴급신고로 분류하여 특별히 취급하고 있다.

(1) 접수단계

데이트폭력범죄는 데이트폭력범죄 112신고 코드분류 〈표 3-2 참조〉에서 보는 바와 같이, 강력범죄로 발전될 가능성이 높은 만큼 피해자(신고자)의 안전여부를 최우선으로 확인한 후 단순상담이 아닐 경우에는 코드(Code)1이상의 긴급신고로 접수하고 있다. 코드(Code)1은 집안 내부 침입 등 폭력발생 임박 또는 우려사건으로 분류하며, 과거 발생한 사건 신고 또는 피의자 현장 이탈 등 상당한 시간경과일지라도 피해자에게 경찰서 자진출석하여 고소장 제출유도를 지양하고 코드(Code)2 또는 코드(Code)3으로 하달하여 처리하고 있다. 그리고 코드(Code)4는 연인 간 폭력 의미 또는 기준 처벌 등 관련 내용 단순상담으로 분류하여 연인 간 폭력 대응 TF팀에서 처리할 수 있도록 접수 또는 통보하고 있다.

〈표 3-2〉 데이트폭력범죄 112 신고 코드분류

Code	분류판단기준
0	현재 폭력이 진행 또는 흉기 등으로 위협 중
1	집안 내부 침입 등 폭력발생 임박 또는 우려
2	과거 발생한 사건 신고 또는 피의자 현장 이탈 등 상당한 시간경과
3	코드 2와 같음
4	연인 간 폭력 의미 또는 기준, 처벌 등 관련 내용 단순 상담.

※ 출처 : 경찰청, 「112 신고 접수 지령 매뉴얼」, 2016, 100면.

111) 경찰청a, 앞의 책, 2019, 32면.

(2) 출동단계

현장실무에서는 2017년 3월부터 데이트폭력 112신고가 접수되어 일선 순찰차에 112신고 지령이 되면 순찰차 안에 설치되어진 112신고 지령 단말기(태블릿PC)에 신설된 '데이트폭력코드'가 입력되어 출동경찰관이 사건 내용이 단순 폭행 등 신고가 아니라, '데이트폭력'으로 인식하고 있다. 이처럼 데이트폭력 범죄 신고사건이 지령되면 해당관할의 최인접 순찰차, 형사팀 차량, 연인 간 폭력 대응 TF팀 등이 현장에 출동하도록 하고 있으며, 현장에서는 최우선으로 피해자의 안전을 확보하기 위하여 가해자와 피해자를 분리하여 2차 피해를 예방하고 있다. 피해자가 여성일 경우에는 피해자의 심리적 안정을 고려하여 상담전문 여자경찰관을 활용하고 있다. 만약 신고를 접수하고 출동하고 있는 도중에 신고자가 신고를 철회하는 경우에도 출동 경찰관은 반드시 피해자 안전을 확인하도록 하고 있다.[112] 게다가 현재 지구대·파출소 등 지역경찰에서는 가해자에게 향후 데이트폭력의 재발을 경고하기 위한 대책으로 데이트폭력범죄 경고장 〈그림 3-1 참조〉을 모든 데이트폭력범죄 사건에서 발급하고 있다. 하지만 데이트폭력범죄 경고장은 범죄에 대한 경각심을 주기 위한 단순자료에 불과하고 법적효력은 없다.

112) 경찰청b, 「112 신고 접수 지령 매뉴얼」, 경찰청, 2016, 100-101면.

〈그림 3-1〉 데이트폭력범죄 경고장

00지구대 제 2020-　　호　　　　　　　　　　　　〈 데이트폭력 당사자용 〉

경 고 장

1. 인적사항

성명	나이·성별	주소	연락처	비고

2. 경고사유

3. 타인의 생명, 신체에 대한 **위해나 협박 행위는 중대한 범죄행위**로서 상대방에 대한 신변 위협 행위를 시도·반복할 경우 **관련 법에 따라 엄중히 처벌**되며 **상대방이 원하지 않는 연락이나 접근을 하는 행위**도 형사처벌 대상이 된다는 점을 알려드리니, **향후 위와 같은 행위가 발생하지 않도록 유의하시기 바랍니다.**

법률	행위		형량
특정범죄 가중처벌등에 관한 법률 제 5조의9	자기 또는 타인의 형사사건의 수사 또는 재판과 관련하여 고소·고발등 수사단서의 제공, 진술, 증언, 또는 자료제출에 대한 보복의 목적으로	사람을 살해	사형 무기 또는 10년 이상의 징역
		사람의 신체를 상해/폭행/체포 감금/협박	1년이상의 유기징역
		사람의 신체를 상해/폭행/체포감금한 결과 사람이 사망	무기 또는 3년 이상의 징역
	자기 또는 타인의 형사사건의 수사 또는 재판과 관련하여 필요한 사실을 알고 있는 사람 또는 그 친족에게 정당한 사유 없이 면담을 강요하거나 위력을 행사		3년이하의 징역 또는 300만원 이하의 벌금
형법	사람을 살해(제250조 제1항)		사형 무기 또는 5년이상의 징역
	사람의 신체를 상해(제257조 제1항)		7년 이하의 징역 또는 1천만원 이하의 벌금
	사람에 신체에 대하여 폭행(제260조 제1항)		2년 이하의 징역 또는 500만원 이하의 벌금
	사람을 체포·감금(제276조 제1항)		5년 이하의 징역 또는 700만원 이하의 벌금
	사람을 협박(제283조 제1항)		3년 이하의 징역 또는 500만원 이하의 벌금
정보통신망 이용촉진 및 정보보호 등에 관한 법률 제44조의7	공포심이나 불안감을 유발하는 부호·문언·음향·화상 또는 영상을 반복적으로 상대방에게 도달하도록 하는 행위		1년 이하의 징역 또는 1천만원 이하의 벌금
경범죄처벌법 제3조 제1항 41호	(지속적 괴롭힘) 상대방의 명시적 의사에 반하여 지속적으로 접근을 시도하여 면회 또는 교제를 요구하거나, 지켜보기, 따라다니기, 잠복하여 기다리기 등의 행위를 반복하는 행위		10만원 이하의 벌금, 구류 또는 과료
기타			

2020.　.　.

00 경찰서장

※ 출처 : 경찰 내부자료.

(3) 조사단계

현장실무에서는 데이트폭력범죄에 대한 초동조치는 신고를 받은 관할의 지구대·파출소에서 출동한 경찰관이 1차적으로 사건을 처리하게 되어 있다. 현장에서 데이트폭력범죄 관련자들을 만나 사건처리를 해야 하는 경우에는 가해자의 신원 등이 확인되면 임의동행을 하고 있으며, 체포의 사유가 있거나 체포의 필요 등이 있는 경우에는 현행범인으로 체포하여 지구대·파출소에 인치하고 있다. 그 후 해당 관할 지구대·파출소에서는 피해자의 1차 진술서를 작성하고, 임의동행이 아닌 체포의 경우에는 체포관련 서류를 작성한 후 관할 경찰서 데이트폭력 담당부서인 형사팀에 사건을 인계하고 있다. 데이트폭력범죄 사건을 인계받은 관할 경찰서 형사팀에서는 가해자 상대 피의자신문조서, 피해자 진술조서와 사건의 의견서 등을 작성한 후 검찰에 사건을 송치하게 된다. 경찰단계에서는 검찰에 사건을 송치함으로써 사건처리는 마무리 된다. 물론 피해자를 보호하기 위해서 경찰단계에서부터 조사와 함께 피해자로 하여금 임시숙소, 신변보호신청 등이 이루어진다.

한편 현재 데이트폭력범죄에 관한 특별법이 없는 관계로 현장실무에서는 처벌에 있어서 대부분 「형법」, 「경범죄처벌법」 등을 적용하여 처리하고 있는 실정이다.

2. 경찰의 데이트폭력범죄 처리절차에서의 문제점

경찰은 데이트폭력범죄 사건의 신고 지령단계부터 가장 긴급한 신고로 특별히 취급하여 피해자 보호에 힘쓰고 있다. 그리고 현장에서는 피해자의 신고내용 청취와 피해확인 후 가해자를 체포 혹은 임의동행으로 지구대로 인치한 후, 수사서류를 작성하여 당사자들을 데이트폭력 전담수사를 하는 형사팀에 인계를 하고 있다. 하지만 데이트 폭력 사건이 거의 대부분 불구속 처리되고 있는 실정이다. 그로 인하여 가해자는 언제든지 피해자를 찾아가 사건의 합의를 유도하거나, 보복범죄를 저지르는 경우가 발생하게 된다. 현행법에서는 「형사소송법」상의 현행범인으로 체포가 쉽지 않을 뿐만 아니라 당사자의 합의 또는 피해자의 불처벌의사로 인하여 가해자를 입건할 수 없다. 현장실무의 경험에 의하면, 동일한 가해자에 의한 데이트폭력에 의한 신고를 접수되는 것을 볼 수 있었다. 그리고 데이트폭력범죄는 서로 많은 정보를 알고 있는 즉, 남이 아닌 평소 가장 가까운 관계라는 특수한 인적 관계에서 발생되기 때문에 가해자가 피해자의 주거지나 직장 등에 찾아가거나 통신기기를 이용하여 접근하는 것을 사건처리 이후에도 접할 수 있었다. 그뿐만 아니라 데이트관계에서의 상대방에 대한 강한 집착에 의해 가해자는 자신의 접근에 피해자가 만남을 거부할 시 또다시 데이트폭력을 가하게 되는데 그 수위가 높아지는 것을 볼 수 있었다.

이러한 문제들은 가해자가 경찰서를 나와 다시 피해자의 주거지에 접근하는 것을 금지시킬 수 있는 대책이 없기 때문에 발생되는 것이다. 물론 가해자가 집안으로 무단침입을 하였다면 「형법」상 주거침입죄를 적용하여 사건을 처리하면 된다.[113] 그러나 가해자가 주거침입이 아닌 집 앞에서 배회하거나, 휴대폰 등을 이용하여 계속하여 연인에게 접근하는 경우, 현재는 이런 행위를 제재할 방법이 없으므로 데이트폭력범죄의 경우에도 가정폭력사건의 경우처럼 '접근금지'등 임시조치 규정을 신설해야 한다는 피해자들과 경찰관들의 주장이 많다.[114] 따라서 데이트폭력범죄 관련 특별법의 제정을 통하여 현재 가정폭력범죄에 적용하고 있는 '임시조치' 등을 도입하고, '협박·괴롭힘'에 해당하는 범죄행위에 대해서는 '통신기기 발신 정지·취소제도'를 신설하는 한편, 데이트폭력범죄의 발생을 사전적으로 예방하기 위한 제도로 '전과공개제도' 등이 도입되어야 한다.

113) 김한중·강동욱a, 앞의 논문, 205면.

114) 김한중·강동욱a, 앞의 논문, 205면.

제3절 경찰의 피해자 보호제도

1. 데이트폭력범죄 피해자의 범위

오늘날 피해자학에서의 범죄피해자는 일반적으로 "형사법 및 형사특별법상의 범죄행위로 인하여 신체·생명에 대한 침해를 입은 자"로 한정하고 있는 것이 통일된 견해이다.[115)]

현행법에서 정의하고 있는 피해자의 범위를 보면, 「범죄피해자 보호법」 제3조 제1항 제1호에서 "범죄피해자란 타인의 범죄행위로 피해를 당한 사람과 그 배우자(사실상의 혼인관계를 포함한다), 직계친족 및 형제자매"로 정의하고 있다. 그리고 「피해자 보호 및 지원에 관한 규칙」(경찰청훈령 제952호, 시행 2019. 9. 26.) 제2조 제1호에서 피해자를 「범죄피해자 보호법」의 '범죄피해자'로 정의 하고 있다. 그러나 경찰활동에서는 「피해자 보호 및 지원에 관한 규칙」 제39조에서 "실종자 가족, 자살기도자 등 범죄에 준하는 심신에 유해한 영향을 미치는 행위로 인해 피해를 입은 자"도 피해자의 범위에 포함[116)]하여 보호하도록 하고 있다. 또한 「경찰관 직무집행법」 제4조 제1항에 보호조치의 대상에는 위험상태의 피해자까지 포함하고 있다.[117)]

데이트폭력범죄는 개별유형 및 특성에서도 살펴보았듯이 범죄의 발현이 복합적이고 반복적이며, 잔인한 형태를 띠고 있다. 그러므로 데이트폭력범죄의 피해자는 현행법에서 정의하고 있는 피해자뿐만 아니라 그 주변에 거주하고 있는 주민까지도 포함하여 범위를 확대할 필요가 있다.

---

115) 송귀채, "범죄피해자보호법의 문제점 및 개선 방안에 관한 연구", 동국대학교 박사학위 논문, 2018, 18면.

116) 경찰청a, 앞의 책, 6면.

117) 「경찰관 직무집행법」 제4조(보호조치 등) ① 경찰관은 수상한 행동이나 그 밖의 주위 사정을 합리적으로 판단해 볼 때 다음 각 호의 어느 하나에 해당하는 것이 명백하고 응급구호가 필요하다고 믿을 만한 상당한 이유가 있는 사람(이하 "구호대상자"라 한다)을 발견하였을 때에는 보건의료기관이나 공공구호기관에 긴급구호를 요청하거나 경찰관서에 보호하는 등 적절한 조치를 할 수 있다.

1. 정신착란을 일으키거나 술에 취하여 자신 또는 다른 사람의 생명 · 신체 · 재산에 위해를 끼칠 우려가 있는 사람
2. 자살을 시도하는 사람
3. 미아, 병자, 부상자 등으로서 적당한 보호자가 없으며 응급구호가 필요하다고 인정되는 사람.

2. 경찰의 수사절차상 보호제도

경찰 등 수사기관은 피해자의 개인정보 노출로 인한 보복범죄를 막기 위해 가해자와의 관계, 보호의 필요성, 범죄의 종류 등을 고려하여 진술조서 등 수사관계서류에 진술한 피해자의 개인정보인 인적사항을 기재하지 않을 수 있다.[118] 또한, 「범죄수사규칙」(경찰청훈령 제604호, 시행 2010. 10. 26.)에서는 범죄피해자를 보호하기 위하여 경찰관서 등으로 동행할 때 가해자와 분리하여 동행하도록 하고 있으며(제201조), 피해자의 상황을 고려하여 적합한 조사장소를 이용해야 하고(제202조 제2항), 조사 시에도 권위적인 태도나 불필요한 질문으로 인한 수치심 또는 모욕감을 유발하지 않도록 유의하도록 하고 있다(동조 제1항). 특히 강력범죄 피해자 등의 경우에는 정신적 충격이 심하다고 추정될 경우에는 심리상태를 확인한 후 지방청장에게 보고하여 피해자 심리전문요원의 조취를 받을 수 있도록 하고 있다(동조 제4항). 그뿐만 아니라 경찰에서의 사건처리가 진행되는 상황을 피해자에게 통지하고 있으며, 만약 피해자가 사망 또는 의사능력이 없는 경우에는 법정대리인, 배우자, 직계혈족, 형제자매나 가족 등에게 통지하도록 하고 있다(제204조).[119]

---

118) 「특정범죄신고자 등 보호법」 제7조에서는 검사 또는 사법경찰관은 범죄신고등과 관련하여 조서나 그 밖의 서류(이하 "조서등"이라 한다)를 작성할 때 범죄신고자등이나 그 친족등이 보복을 당할 우려가 있는 경우에는 그 취지를 조서등에 기재하고 범죄신고자등의 성명·연령·주소·직업 등 신원을 알 수 있는 사항(이하 "인적 사항"이라 한다)은 기재하지 아니한다고 규정하고 있으며, 사법경찰관이 조서등에 범죄신고자등의 인적 사항의 전부 또는 일부를 기재하지 아니한 경우에는 즉시 검사에게 보고하여야 하도록 하고, 검사 또는 사법경찰관은 조서등에 기재하지 아니한 인적 사항을 범죄신고자등 신원관리카드에 등재하여야 한다. 또한 조서등에 성명을 기재하지 아니하는 경우에는 범죄신고자등으로 하여금 조서등에 서명은 가명(假名)으로, 간인(間印) 및 날인(捺印)은 무인(拇印)으로 하게 하여야 한다. 이 경우 가명으로 된 서명은 본명(本名)의 서명과 동일한 효력이 있으며, 범죄신고자등은 진술서 등을 작성할 때 검사 또는 사법경찰관의 승인을 받아 인적 사항의 전부 또는 일부를 기재하지 아니할 수 있다. 이 경우 제2항부터 제4항까지의 규정을 준용하고, 범죄신고자등이나 그 법정대리인은 검사 또는 사법경찰관에게 제1항에 따른 조치를 하도록 신청할 수 있다. 이 경우 검사 또는 사법경찰관은 특별한 사유가 없으면 그 조치를 하여야 하며, 신원관리카드는 검사가 관리하고, 신원관리카드의 작성 및 관리 등에 필요한 사항은 대통령령으로 정하도록 하고 있다.

119) 「범죄수사규칙」 제204조(사건처리 진행 상황에 대한 통지)에서는 피해자 등에 대한 통지가 수사 또는 재판에 지장을 주거나 피해자 또는 사건관계인의 명예와 권리를 부당히 침해할 우려가 있는 때에는 통지하지 않을 수 있으며(제4항), 통지의 방법에 대해서는 경찰관은 피해자 등의 비밀보호를 위해 구두, 전화, 우편, 모사전송, 이메일(e-mail), 문자메시지(SMS) 등 사건을 접수할 때 피해자 등이 요청한 방법으로 할 수 있도록 규정하고 있다.

그리고 조사과정에서 2차 피해를 예방하기 위하여 수사기관은 영상녹화를 피해자의 동의를 받아 할 수 있으며, 피해자가 19세 미만 또는 장애인 성폭력 피해자의 경우에는 진술녹화를 실시하도록 할 수 있다. 다만, 피해자가 적극적으로 녹화를 거부할 경우에는 녹화하지 않는다. 즉, 강제 할 수는 없으며, 「특정강력범죄의 처벌에 관한 특례법」 상 강력범죄, 「특정범죄신고자 등 보호법」(법률 제14413호, 시행 2016. 12. 20.)상 특정범죄, 가정폭력 및 아동학대 범죄 등에 대해서는 언론 보도 등에 대하여 보호를 하고 있다. 이들 피해자와 신고인에 대해서는 그들의 인적사항이나 사진 등 개인정보를 신문 등 언론기사에서 공개를 금지하고 있다.

3. 경찰의 수사절차 외 신변보호제도

경찰에서는 수사절차뿐만 아니라 그 외에서도 피해자를 위한 신변보호제도를 운영하고 있다. 신변보호 대상은 범죄신고 등과 관련하여 보복을 당할 우려가 있는 범죄 피해자, 신고자, 목격자, 참고인 및 그 친족 등뿐만 아니라 반복적으로 생명 또는 신체에 대한 위해를 입었거나 입을 수 있는 구체적인 우려가 있는 사람이며, 신변보호신청은 신변보호 대상자와 경찰관도 신변보호의 필요성이 있으면 신청할 수 있다.[120] 「특정범죄 신고자 등 보호법」 제4조에서는 범죄신고자 등을 보호하고 보복범죄를 예방하기 위한 국가의 책무를 규정하고 있다. 그리고 법원은 피해자로부터 범죄 신고와 함께 신변보호요청이 있는 경우에는 담당경찰관은 "피해자에 대한 범죄의 위험이 일상적인 수준으로 감소할 때까지 피해자의 신변을 특별히 보호해야 할 의무가 있다"고 결정하였다.[121]

현장실무의 경험에 의하면, 데이트폭력이 발생하면 피해자는 자신과 교제하

120) 경찰청a, 앞의 책, 30면.

121) 대법원 1998. 5. 26. 선고 98다11635 판결(법원은 피해자로부터 범죄신고와 함께 신변보호요청을 받은 경찰관의 보호의무에 대하여 "범죄신고와 함께 신변보호요청을 받은 파출소 소속 경찰관들이나 고소장 접수에 따라 피해자를 조사한 지방경찰청 담당경찰관은 사태의 심각성을 깨달아 수사를 신속히 진행하여 가해자의 소재를 파악하는 등 조치를 취하고, 피해자에 대한 범죄의 위험이 일상적인 수준으로 감소할 때까지 피해자의 신변을 특별히 보호해야 할 의무가 있다"고 결정하였다).

고 있는 상대방에게 폭행당한 것에 대한 수치심으로 경찰 등 수사기관에 신고나 상담을 주저하는 경우가 많았다. 이러한 피해자로 하여금 범죄발생의 초기 단계에서 가까운 경찰관서나 관련기관에 전화상담 등을 통하여 도움을 청할 수 있도록 신고제도와 함께 신변보호제도를 시행하고 있다.[122] 경찰에서는 보복범죄 및 재피해 우려자 등 신변에 위해(危害)를 입을 우려가 있는 사람에 대해 위험성 및 여건 등을 고려하여 맞춤형으로 대상자의 신변보호를 법률에 근거하여 실시하고 있다. 아울러 경찰 실무에서는 법률에 명시적 규정이 없더라도 보복범죄의 개연성이 존재하는 경우에는 신변보호를 할 수 있도록 하고 있다.[123] 현재 시행하고 있는 신변보호제도는 보호시설 연계, 임시숙소, 신변경호, 맞춤형 순찰, 112 긴급신변보호대상자 등록, 신변보호용 스마트워치, 신변보호용 CCTV, 가해자 경고, 피해자 권고, 신원정보 변경·보호지원 등이 있다.

〈표 3-3〉 피해자 신변보호에 대한 관련법률

근거규정(법률, 규칙, 시행령)	관련내용	비고
「범죄피해자보호법」	사생활의 평온과 신변의 보호 등(제9조)	
「특정범죄신고자 등 보호법」	· 신변안전조치(제13조) · 신변안전조치의 종류(제13조의2)	
「성폭력범죄의 처벌 등에 관한 특례법」	피해자, 신고인 등에 대한 보호조치(제23조)	
「성매매 알선 등 행위의 처벌에 관한 법률」	성매매 피해자에 대한 처벌특례와 보호(제6조)	
「특정강력범죄의 처벌에 관한 특례법」	증인에 대한 신변안전조치(제7조)	
「가정폭력범죄의 처벌 등에 관한 특례법」	피해자보호명령 등(제55조의2)	
「피해자 보호 및 지원에 관한 규칙」	· 신변보호의 대상(제29조) · 제30조(조치유형)	
특정범죄 신고자 등 보호법 시행령	· 신변안전조치의 요청 등(제6조) · 신변안전조치의 종류(제7조) · 신변안전조치 이행통보 등(제8조)	

※ 출처 : 경찰청, 2019년 피해자 보호·지원 매뉴얼의 자료를 재구성 함.

신변보호에 관한 심사에 관해서는 담당기능 '과장' 주관으로 신변보호심사위원회를 개최하고 있으며, 신변에 위험성이 인정되지 않거나, 신청이 허위임이 분명할 경우에는 각하처리 하여 신변보호 신청자에게 '신변보호 심사결과 통

122) 김한중·강동욱a, 앞의 논문, 207면.

123) 경찰청a, 앞의 책, 47면.

보서'를 발부하고 있다. 그러나 신변에 위험성 등이 인정되는 경우에는 신변보호 결정을 하고 '신변보호 심사 의결서'를 작성한 뒤 신변보호 대상자에게 '신변보호 심사결과 통보서'를 발부하고 있다. 현장실무에서는 피해자·인권 포털 시스템에 등록하고, 경찰서 단위에서는 청문기능에서 주관하는 위원회로, 담당기능에서 통보한 신변보호 결정에 보완이 필요한 경우에는 담당기능의 신청 또는 청문기능 직권으로 개최하여 신변보호 신청자에 대한 보호여부를 결정하고 있다. 하지만 사안이 급박하고 당장 위해(危害)요소가 있어 스마트워치 지급조치를 해야 한다고 판단될 경우에는 심사 전 선 조치로 대상자로부터 개인정보 이용 동의서(위치확인 및 동선파악 등을 위한 개인정보 포함)를 받은 후 스마트워치 지급 등 즉각적으로 신변보호를 실시하여 피해자를 보호하고 있다. 이 외에도 법원·검찰청에서 대상자 인적사항, 신변보호 기간, 신변보호 사유 등을 기재하여 관할 경찰서로 신변보호를 요청하는 경우가 있다. 이 경우에는 특별한 사유가 없으면 즉시 신변안전 조치를 하고 있다.

이러한 신변보호조치의 유형을 정리해보면 〈표 3-4 참조〉와 같다. 이하에서는 경찰청 현장 매뉴얼을 토대로 각 신변보호조치를 살펴보도록 한다.

〈표 3-4〉 신변보호조치의 유형 정리

구분	조치	내용
시설	보호시설	장기적 보호 필요성 있는 피해자는 전문 보호시설로 인계
	임시숙소	신변위협으로 귀가가 어려운 피해자에게 제공
인력	신변경호	위험이 긴박한 대상자는 기간을 정하여 경호
	맞춤형 순찰	대상자의 이동경로에 맞는 순찰
ICT 기술	112등록	112시스템에 신변보호 대상자 등록
	스마트워치	위치추적 기능과 긴급신고 기능이 있는 손목시계 형태의 장치를 피해자에게 대여
	CCTV 설치	피해자 주거지에 CCTV설치한다. 이후 긴급신고시 112상황실 피해자의 CCTV화면 자동송출됨
가해자	가해자 경고	가해자에 구두 또는 서면으로 경고 조치
피해자	피해자 권고	피해자에게 관련 절차 안내
기타	신원정보 변경·보호	· 이름, 전화번호등 등 개인정보 변경 제도 지원 · 가정폭력 피해자 주민등록 열람제한 조치

※ 출처 : 경찰청, 2019년 피해자 보호·지원 매뉴얼의 자료를 재구성 함.

(1) 보호시설 연계 및 임시숙소

현장실무에서는 대상자가 장기적 신변보호가 필요하다고 인정되는 경우에 전문기관으로 하여금 피해자가 계속적 보호를 받을 수 있도록 전문보호시설과 연계하여 인계하고 있다. 연계기관으로는 해바라기 센터, 여성긴급전화(1366), 아동보호 전문기관, 스마일센터 4곳이 있고, 그 외 보호지원제도로는 임시숙소가 있다.[124] 전문보호시설에 의한 보호를 받기 위해서는 데이트폭력·가정폭력·성폭력·아동학대 등의 피해자가 전문기관에 의한 보호요건이 충족되어야 하고, 보호의 필요성이 인정되어야 한다.

임시숙소는 신변의 위협으로 귀가 등이 곤란한 피해자가 임시로 체류할 수 있도록 사전에 선정된 숙박업소를 연계하거나 체류비용 등을 지원하는 제도로서 실제로 데이트폭력·가정폭력의 피해자들이 많이 이용하고 있다. 임시숙소 제도를 이용할 수 있는 대상을 구체적으로 살펴보면, 첫째, 범죄피해 발생 후 주거지 노출로 추가 피해가 우려되는 자, 둘째, 살인·강도 등 강력범죄 피해자, 보복범죄가 우려되는 피해자 중 임시숙소가 필요한 자, 셋째, 성폭력·가정폭력 피해자로서 조사를 마친 후 '긴급쉼터' 등의 보호시설과 연계가 곤란한 자 또는 범죄피해 후 의탁장소가 없는 자, 넷째, 신변보호 대상자로서 유관기관 보호시설과의 연계가 곤란한 자, 그 외 범죄피해자 중 임시숙소가 긴급히 필요하다고 판단되는 자 등이 있다. 예전에는 주로 가정폭력 피해자들이 임시숙소 이용을 많이 하였으나, 최근에는 데이트폭력이 증가되면서 주거지로 바로 귀가하는 것에 불안감을 느끼는 여자 피해자들이 많이 이용하고 있는 실정이다.

현장실무에서는 피해 상황 및 긴급성 등을 고려하여 담당경찰관이 대상자에게 임시숙소의 신청에 관한 내용을 직접 안내하고 있다. 이 경우 대상자가 요청할 경우에는 담당경찰관이 임시숙소 연계 시 대상자가 되는 지에 대한 판단을 위해 신청자로 하여금 '임시숙소 사전 체크리스트(신청자용)'를 직접 작성

124) 경찰청a, 앞의 책, 56면.

하도록 하여 이를 기초로 연계금지 대상여부[125]를 판단하게 된다. 그 후 '임시숙소 사전 체크리스트(경찰관용)'을 작성하여 대상자에게 임시숙소 제공여부를 결정한 후 경찰내부의 피해자·인권 포털시스템상 '임시숙소신청'을 전산신청하고 있다. 이러한 신청이 있으면, 심사권자[126]의 심사를 거쳐 피해상황 등을 고려하여 필요성을 판단하여 임시숙소 제공여부를 결정한다. 그리고 대상자가 체류연장을 원할 경우에는 익일 청문감사관이 사유를 검토하여 승인여부를 결정하고 있다. 이후 사전에 선정·관리되고 있는 임시숙소에 연계하여 대상자를 임시로 체류할 수 있도록 하고 있다. 또한 현장실무에서는 피해자 보호를 위하여 임시숙소로 이동시 대상자와 동행하고 있으며,[127] 사후관리로는 임시숙소에 연계한 대상자와 사후연락을 통해 퇴소여부 및 추가조치의 필요여부 등을 확인하고 있다. 그뿐만 아니라 경찰에서는 임시숙소 관리자와 연락체계를 구축하여 돌발 상황이 발생 시 즉시 담당경찰관에게 연락하고 112에 신고할 수 있도록 대상자에게 안내하는 등의 사후조치를 취하고 있다.

(2) 신변경호

신변경호는 신변보호를 요하는 사람에 대한 위험 발생이 명백하면 근접 경호 등의 방법으로 대상자를 보호하는 것이다. 신변경호를 위해서는 우선 신변보호 결정시 담당기능 중심으로 신변보호조를 구성해야 하며, 위험성·경호기간 등을 고려하여 신변보호조 운영방식 및 규모를 결정해야 한다. 그리고 신변경호의 방식은 이후 위험성에 따라 상시근접경호, 경찰관서 출석·귀가시 동행 등으로 시행한다. 만약에 긴박한 위험이 해소되었다고 판단될 시에는 신변경호를 종료하고 대상자와 비상연락체계를 구축하여 대상자 보호를 하고 있다.[128] 이러한 신변경호는 현장실무에서 긴박한 위험에 대해서 한시적으로만

125) 현재 주취자, 자살기도자 등은 임시숙소 이용금지 대상이다.

126) 경찰청a, 앞의 책, 58면(심사권자는 주간의 경우에는 청문감사관이 하고, 야간·휴일의 경우 피해자보호관이 한다).

127) 현장실무에서는 경찰 순찰차를 이용하여 임시숙소로 경찰관이 동행하고 있다.

128) 경찰청a, 앞의 책, 56면.

실시하고 있으며, 긴박한 위험이 종료된 경우에는 거주이전, 보호시설 연계 등을 통해 경찰력이 낭비되지 않도록 하고 있다.

(3) 맞춤형 순찰

맞춤형 순찰은 신변보호 대상자의 거주지와 그 주변에 대한 순찰을 통해 위해 요소를 차단하는 기능을 하고 있다. 맞춤형 순찰 결정시, 현장실무에서는 해당 기능에서 '112긴급 신변보호대상자 등록신청서'에 기재된 대상자의 '생활패턴 분석결과'를 활용하여 위해(危害)의 우려가 있는 장소·시간대 등을 구체적으로 파악하고 있다. 그리고 그 결과를 토대로 대상자 관할 지구대·파출소에서는 생활안전기능과 순찰장소·시간대·방식 등을 사전에 협의하여 신변보호 대상자의 주거지 등을 주요 순찰 동선에 포함시켜 대상자의 요청시간대와 취약시간대에 순찰을 실시한다.

이때 지역경찰에 협조요청을 할 경우에는 신변보호 대상자의 사진·성명·성별·연령·주소지·연락처 등의 인적사항과 신변보호 요청사유 등을 구체적으로 기재하여 통보한다. 특히, 신속한 대상자 식별을 위한 사진 공유의 필요성을 충분히 설명하여 대상자가 사진을 제공할 수 있도록 조치한다. 가해우려자 등 관련자에 대해서는 확인된 인적사항과 신변위해상황 등을 상세히 기재하여 통보하도록 하고 있다. 한편 피해자 주소이전·가해자 구속 등의 사정변경으로 맞춤형 순찰이 종료되면 생활안전 기능에 즉시 통보하여 반영될 수 있도록 하고 있다.

(4) 112 긴급신변보호대상자 등록

112 긴급신변보호대상자 등록제도는 112 신고관리시스템에 '신변보호 대상자'를 새로운 관리 항목으로 추가, 등록된 대상자에 대해 긴급신고체계를 구축하고 신속 출동서비스를 제공하는 제도이다. 사건 담당자는 신변보호 대상자로부터 '112 긴급신변보호대상자 등록신청서'를 제출받아 112상황실에 통보한

다. 신변보호대상자는 기본적으로 휴대폰·스마트워치 번호 등을 112시스템에 반드시 등록하고, 지연 입력되지 않도록 신변보호 시작 당일에 입력한다. 이후에 대상자가 긴급신고 시 112상황실에서는 '신변보호사건'으로 인지하고, 접수화면에 현출되는 대상자의 인적사항, 주소, 가해자 정보, 담당경찰관의 연락처 등의 등록정보를 바탕으로 실시간 위치추적을 병행하여 지역경찰 및 사건 담당자가 공동으로 신속하게 출동조치를 하고 있는 제도이다.[129)]

(5) 신변보호용 스마트워치

스마트워치는 실시간 위치추적 및 긴급신고 기능 등이 내장된 손목에 차는 형태의 장치로 신변보호 대상자에게 지급하고 있으며 대상자의 신변을 보호하기 위한 제도이다. 신변보호 소관기능에서는 담당자를 지정하여 의결서 등 관련서류와 함께 피해자 전담경찰관에게 기기지급을 요청하면, 피해자전담경찰관은 보호대상자와 신변보호 담당자에게 사용법 및 주의사항을 설명한 후 기기를 지급하고 있다. 이후 112 상황실에서는 112 신고관리시스템 긴급신변보호대상자에 신변보호의 사유, 보호대상자의 인적사항, 가해자 정보, 담당경찰관의 연락처 등을 상세히 입력하여 관리하고 있다. 이러한 신변보호용 스마트워치를 착용한 대상자가 긴급신고 시 112 상황실에서는 원칙상 '코드0'지령으로 신속히 지령하고 지역경찰은 신속히 현장에 출동하여 초동조치를 한다. 이와 함께 담당부서는 지역경찰과 협업하면서 필요한 후속조치를 하고 있다. 그리고 긴급신고 후 30분 동안만 스마트워치에 사전 등록된 관리자가 스마트워치로 전화하면 강제로 전화 수신이 가능하여 관리자로 등록된 번호(112 상황실, 담당 경찰관)에서 스마트워치 현장음을 청취할 수 있다. 또한 관리자가 스마트워치로 전화를 걸었으나 대상자가 2회 동안 전화를 받지 않는 경우(음성사서함까지 넘어간 후) 3회째 발신 시 강제수신이 된다.[130)]

129) 실무에서는 이러한 경우 순찰차 등 신고지령단말기 등 장비에 대상자가 현재 신변보호대상자임이 화면에 현출되고, 이 사람의 위치와 함께 경보음이 작동한다.

130) 경찰청b, 앞의 책, 66면(신형 스마트워치는 관리자에 전국 지방청, 경찰서 112상황실 일반 유선번호 총

한편 신변보호용 스마트워치의 지급기한(신변보호기간)이 도래한 경우 또는 대상자의 중단 요청이 있을 경우와 범죄 발생의 위험성이 일상적인 수준으로 감소하였다고 판단되는 경우에는 신변보호 담당자는 대상자로부터 기기를 회수하고 스마트워치 관련서비스를 종료한다. 이러한 서비스가 종료하면 112신고관리시스템에 등록된 대상자의 개인정보 등을 삭제하고 있다.

〈표 3-5〉 최근 3년간 스마트워치 지급 및 임시숙소 제공 현황 (단위 : 건)

구분	2018년	2019년	2020년(7월)
스마트워치 지급	5,080	7,057	4,096
임시숙소 제공	4,797	5,027	2,950

※ 출처 : 경찰청, 2019년 피해자 보호·지원 매뉴얼의 자료를 재구성 함.

최근 3년간 스마트워치 지급 및 임시숙소 제공 현황〈표 3-5 참조〉를 살펴보면, 스마트워치 지급건수는 2018년에는 5,080건, 2019년에는 7,057건, 2020년 7월까지는 4,096건으로 계속하여 증가하고 있는 것을 알 수 있다. 그리고 스마트워치의 지급건수는 2018년에 5,080건, 2019년에 7,057건, 2020년 7월까지 4,096건으로 12월 연말에는 통계가 크게 증가할 것으로 보인다. 이처럼 임시숙소 및 스마트워치의 지급건수의 증가는 언론 등을 통하여 경찰의 스마트워치 보급 등이 알려지면서 경찰에 신변보호 신청이 증가하고 있기 때문이다. 현재 경찰의 피해자보호제도에 많은 신청이 있는 것으로 상기 통계자료를 통하여 확인되었으며, 또한 임시숙소 제공 건수도 계속하여 증가하는 것을 확인할 수 있다.

(6) 신변보호용 CCTV 설치

신변보호용 CCTV는 대상자의 거주지 등에 CCTV를 설치하여 대상자가 CCTV앱을 통해 위험요소를 항상 확인할 수 있도록 하여 긴급시 신고가 가능하도록 하는 제도이다. 현장실무에서는 신변보호용 CCTV의 설치에 있어서 신

272개 '지방청 17개와 경찰서 255개'를 폴케어 앱 서버에 일괄적으로 사전 등록하여 전국 어디서나 강제수신이 가능하도록 하고 있다).

변보호대상자가 긴급상황시 CCTV 화면의 상황실 송출에 대한 동의여부 및 가해자 주거침입전력 등 주거지내 대상자에게 위험이 발생할 가능성 등을 종합적으로 판단하여 긴급신고 탑재여부를 결정하고 있다. 구체적인 설치방법은 신변보호 심사의결 주무부서는 의결서 등 관련서류를 첨부하여 피해자전담경찰관에게 CCTV설치를 요청한다. 피해자전담경찰관은 피해자를 대상으로 'CCTV 기기 사용시 준수사항·개인정보 수집 및 이용 동의서'를 교부받고, '신변보호용 CCTV 설치 신청서'를 KT텔레캅에 이메일(e-mail)로 발송한다. 긴급신고 탑재방식의 경우 현장실무에서는 112상황실에 송출되는 화면을 확인하기 위한 전용 PC를 확보한 후 설치신청서를 발송하고 있다.

이후 피해자전담경찰관 또는 신변보호담당자가 CCTV업체직원과 함께 설치장소에 임장(任掌)하여 촬영화면이 개인정보를 침해하는지의 여부와 송출화면으로 상황실에 위험사실을 파악할 수 있는지에 대한 여부를 확인한다. 그리고 CCTV를 확인할 때에는 대상자와 카메라를 설치할 위치 및 촬영되는 각도 등을 협의하여 위험장소에 사각지대가 없도록 해야 한다. 카메라 및 앱 설치가 완료되면 긴급신고 시연을 통해 대상자에게 사용법도 숙지시키고 있다. CCTV 설치 기한의 만료 또는 피해자 등에 의한 종료요청 등으로 신변보호가 종료될 경우에는 CCTV설치 업체에 '신변보호용 CCTV 철거 신청서'를 이메일로 발송을 통한 철거요청을 하여 종결을 하고 있다.[131)]

참고로 긴급신고 탑재방식의 경우, 대상자가 긴급신고시 CCTV 화면 및 경보음 등이 112상황실의 신변보호용 모니터에 송출된다. 또한 긴급신고 미 탑재방식의 경우에는 신변보호용 스마트워치의 SOS 버튼 등을 이용하여 112신고를 할 수 있다. 대상자가 긴급신고시, 112상황실에서는 원칙상 '코드0' 지령으로 신속히 지령하고, 지역경찰과 유기적으로 대응하고 있다.

131) 경찰청a, 앞의 책, 68-69면.

(7) 가해자 경고

가해자 경고제도는 가해자에 대한 선제적 대응을 위해 사전경고를 통하여 경찰이 예의주시하고 있다는 사실 및 법적제재의 강도 등을 인지하게 함으로써 가해자로 하여금 스스로 불법행위를 자제하도록 유도하는 제도이다. 가해자 경고는 피해자의 신고로 현장에 출동한 경우 등 신변의 위해(危害)가 목전에 급박한 때에는 가해자에 대한 제지와 함께 구두로 경고를 실시한다.

가해자 경고제도에서의 경고장 발부는 신변보호 심사시 현장성·긴급성은 없으나 신변에 위해가 될 우려가 있는 경우에 피해자의 동의를 얻어 가해자 성향을 판단한 후 가해자에게 서면으로 한다. 가해자 경고를 하는 경우에는 우선 현장에 있는 대상자에게 위해사실 여부를 확인하고 연락처·주소 등 인적사항이 확보된 때에 실시한다. 가해자 경고는 피해자의 동의가 있어야 하며, 경고로 인한 도발 우려 등 대상자의 성향 등을 감안하여 실시여부를 결정해야 한다. 그리고 경고장은 비권력적 사실행위(행정지도)개념으로 강제성이 없는 제재이기 때문에 가해자가 위해사실을 부정하거나 경고장을 발부받기를 거부하면 서면 경고장을 발부할 수 없다. 경고장은 결재라인 없이 신변보호 담당경찰관이 직접 가해자에게 서면 경고장을 발부할 수 있다.[132)]

(8) 피해자 권고

피해자 권고제도는 피해자에 대한 권고를 통하여 피해자 본인도 신변보호 주체임을 인식시키고, 일시적 피신 등 적극적인 자기보호를 유도하는 제도이다. 피해자권고제도의 대상은 신변보호 결정대상자 중 위험성이 높다고 인정되는 자이다. 신변보호를 심사할 때에는 보호조치 여부, 유형과 함께 피해자 권고 사항을 결정하고 신변보호 심사결과통보서 권고사항 란에 기재하며, 권고사항의 내용으로는 보호시설 입소, 주거이전 등 피신, 장거리 및 잦은 외출 자제 등 피해자의 안전을 위한 권장하는 행동요령을 기재한다. 피해자 권고조

132) 경찰청a, 앞의 책, 71면.

치는 신변보호 심사결과통보서를 피해자에게 발부하고, 피해자가 권고를 수용할 시에는 그에 필요한 절차를 적극 지원하며 권고 불수용시에는 권고내역을 신변보호 심사서류에 첨부하여 문서를 관리하도록 하고 있다.[133]

(9) 신원정보 변경·보호지원

신원정보 변경·보호지원제도란 범죄 피해자가 신원정보의 변경 및 보호와 관련된 현존제도를 활용하여 보복범죄를 예방할 수 있도록 안내하고, 피해자가 정보의 변경 및 보호를 희망할 시에는 절차의 신청·진행에 대한 전반을 보조하는 제도이다.

3. 소결

본 절에서 경찰의 데이트폭력범죄 처리절차와 보호제도를 살펴본 이유는 현장실무에서 데이트폭력범죄 사건을 처리하고 있는 경찰관의 입장으로 피해자의 보호는 모든 범죄에서 중요한 기능을 하고 있기 때문이다. 더욱이 데이트폭력범죄는 발생하지 않도록 사전에 차단하는 제도가 절실히 필요하다. 이미 우리는 많은 범죄현장에서 범죄를 예방하지 못하였고, 그로 인한 억울한 선의의 피해자들을 보호하지 못하였다. 특히 가정폭력, 성폭력, 데이트 폭력, 디지털 폭력, 묻지마 폭력 등의 여성을 대상으로 하는 범죄의 경우에는 그 피해가 더욱 심하다고 할 수 있다.

앞에서 살펴본 치안현장에서의 「피해자 보호·지원 메뉴얼」상 수사절차 외 9가지 보호제도 이외에도 최근에 경찰과 지방자치단체가 데이트폭력 범죄를 포함한 여성범죄를 예방하기 위하여 안심부스를 설치 운영하고 있다. 안심부스는 범죄의 피해자가 될 우려가 있는 자가 범죄발생이 긴박한 경우 안심부스 안으로 들어가서 보호를 요청할 수 있는 범죄예방시설이다. 안심부스에는 비상버튼장치가 설치되어 있으며, 비상버튼장치를 작동하면 자동으로 문이 시정

133) 경찰청a, 앞의 책, 72면.

되고, 외부에서는 경광등과 비상벨 등이 작동하고 CCTV가 작동하면서 경찰청 상황실과 전화통화가 가능하다. 이러한 범죄예방시설은 여성 등 긴급한 상황에서 신체를 안전장소로 피하고 범죄인과 차단효과가 있어 현재 경찰과 지방자치단체에서 많이 설치하여 운영되고 있다.[134)]

더군다나 경찰에서는 범죄현장에서 발생할 수 있는 피해자를 보호하기 위해 다방면에서 노력을 하고 있다. 현장실무에서는 데이트폭력범죄의 경우 피해자들로 하여금 가해자로 하여금 접근금지 등의 제도가 반드시 필요하다는 요구를 듣고 있는 실정이다. 또한 데이트폭력범죄 사건을 처리하고 있는 경찰관의 입장에서도 피해자의 보호를 위하여 가정폭력 사건의 경우처럼 '접근금지'등 임시조치 규정 신설이 시급히 요구된다고 생각한다.[135)]

최근 1인 가구의 증가와 혼인연령의 높아짐에 따라 앞으로 데이트폭력은 더욱 증가 될 것으로 판단된다. 따라서 가해자의 범죄처리절차에 있어서는 '데이트폭력 관련 특별법'의 제정을 주장하는 이유이며, 피해자의 실질적이며 효과적인 보호제도는 '데이트폭력범죄의 보호제도'를 제안하기 위한 선행연구로 진행하였다.

134) 디트NEWS24 "천안시설관리공단, '시민안심부스' 운영" : http://www.dtnews24.com/news/articleView.html?idxno=593482(검색일 : 2020.12.2.).

135) 김한중·강동욱a, 앞의 논문, 202면.

제4장

외국의 데이트폭력범죄에 관한 법제

제1절 미국

제2절 영국

제3절 일본

제4절 독일

제5절 소결

제4장 외국의 데이트폭력범죄에 관한 법제

제1절 미국

미국에서 가족범죄법을 최초로 도입한 콜롬비아에서는 데이트 폭력을 데이트 상대가 현재 또는 이전 데이트 상대에게 힘이나 지배력을 행사하기 위해 신체적, 정서적, 경제적, 기술적 또는 성적 학대의 위협을 사용하거나 실제로 사용하는 학대 또는 강압적인 행동으로 정의하고 있다.[136)]

1. 보호명령제도

미국에서는 이미 데이트폭력을 심각한 사회문제로 인식하여 매년 2월을 '데이트폭력 근절의 달'로 정하여 주의를 환기시키고 있다.[137)] 또한, 미국의 보호명령제도(Protectionorder Legislation)는 1970년대 가정폭력을 방지하기 위해 발행한 법원의 민사적 명령장으로서의 성격을 가지고 있으며, 보호명령을 위반한 경우에는 형사처벌이 가능하도록 고안되어 있다.[138)] 현재 미국은 1970년 콜롬비아 특별구가 최초로 '가족범죄법'을 제정하여 보호명령제도를 도입한 후, 지금은 모든 주에서 가정폭력방지관련법을 제정하고 보호명령제도가 운영

136) D.C. Code § 38-952.01(Definitions) (1) "Dating partner" means any person who is involved in a relationship with another person that is primarily characterized by social interaction of a sexual, romantic, or intimate nature, whether casual, serious, or long-term.
(2) "Dating violence" means abusive or coercive behavior where a dating partner uses threats of, or actually uses, physical, emotional, economic, technological, or sexual abuse to exert power or control over a current or former dating partner.

137) 조춘범·이현, "아동기 신체학대경험이 청소년의 데이트폭력에 미치는 영향 :공격성의 매개효과를 중심으로", 「한국청소년연구」 제24권 제4호, 한국청소년정책연구원, 2013, 32면.

138) Nina W. Tarr, "Civil Orders for Protection: Freedom or Entrapment?", *11 Wash, U. J.L. & Poly 157*, 2003, p.191; 한성훈, 앞의 논문, 270면에서 재인용.

되고 있다. 또한 보호명령제도를 데이트폭력과 관련된 2차 피해를 방지하기 위한 대책으로 운영하고 있다.[139] 1990년대 이후부터 보호명령제도의 도입 및 스토킹방지법을 제정하여 시행하고 있다. 이는 데이트폭력범죄예방 및 피해자 보호를 위한 것이다. 또한, 1990년대 들어서는 보호명령제도는 2차 범죄피해의 위험성이 대두됨으로써 피해자보호의 필요성이 강조되는 다른 범죄유형에도 확대·적용하고 있다.[140][141] 그리고 1990년대 이후에는 데이트폭력을 가정폭력의 개념에 포함시키고 보호명령제도를 적용함으로써 데이트폭력범죄로 인한 2차 범죄방지 및 피해자보호에 적극적으로 대처하고 있다. 이러한 보호명령의 주된 목적은 편지, 전화, 이메일(e-mail), 제3자를 통한 접촉 등 모든 직·간접적인 접촉의 금지를 통하여 피해자를 가해자로부터 떨어뜨려 놓는데 있다.[142] 미국의 보호명령제도는 세 가지 유형으로, 첫째, 가정폭력 보호명령, 둘째 성폭력피해자 보호명령, 셋째, 스토킹·괴롭힘 보호명령이다.[143] 미국의 보호명령제도는 우리나라의 경우와 차이가 있음을 발견할 수 있다. 우리나라는 법률상 가정폭력과 아동학대범죄의 경우에만 접근금지 등을 취하고 있는 것과 대조적으로 미국의 경우에는 범죄와 그 상황을 고려하여 피해자보호가 필요한 경우에는 임시조치를 확대하고 있다.[144] 피해자보호 조치는 '데이트관계'를 어떤 범위와 기준으로 설정해야 할 것인가에 대해 논란을 야기하였다. 그러므로 논란을 해결하기 위해서 각 주에서는 입법과 판례를 통하여 주관적 판단기준(동거여부, 데이트기간, 친밀도, 애정의 정도 등)도 기준설정에 적용하였으

139) 류병관a, "데이트폭력에 있어 피해자 보호방안 : 미국의 데이트폭력 방지대책을 중심으로", 「법학연구」 제22권 제3호, 경상대학교 법학연구소, 2014, 93면.

140) Christina Dejong/Amanda Burgess-Proctor, "A Summary of Personal Protection Order Statutes in the United States", *Violence Against Women, 2006*, pp.68-88; 한성훈, 앞의 논문, 270면에서 재인용; 류병관a, 앞의 논문 94면.

141) 류병관a, 앞의 논문, 93면 참조.

142) Tanya M. Marcum/Catherine Davices Hoort, "ALERT: BE ON THE LOOKOUT FOR PROTECTION ORDERS IN THE EDUCATIONAL SETTING", *30 T.M. Cooley L. REV.* 39, 2013, p.41; 류병관a, 앞의 논문, 94면에서 재인용.

143) 류병관a, 앞의 논문, 94면.

144) 김한중·강동욱a, 앞의 논문, 194면.

나,[145] 각 주마다의 그 판단기준에 대한 차이로 인하여 데이트폭력범죄에 대한 보호명령의 부과 대상이 축소 또는 확대되는 문제가 발생하고 있다.[146] 또한, 데이트폭력범죄를 가정폭력의 범주 안에 포함[147]시키고 있다. 그 이유는 미국에서는 결혼의 전제유무와 상관없이 연인 간의 동거가 매우 흔한 양상을 보이고 있으며, 제도적으로도 가족제도와 유사하기 때문에 우리나라와 달리 데이트폭력범죄를 가정폭력범죄의 규정 내에 포함시키고 있는 것으로 보인다.[148]

미국에서는 보호명령을 과할 수 있는 데이트폭력범죄의 유형을 각 주마다의 데이트관계의 정의에 따라서 크게 네가지로 구분되어진다.

첫째, 대부분의 주에서는 데이트관계에 대한 정확한 정의가 없는 상태에서 보호명령을 부과할 수 있다. 이런 주는 법률상의 '데이트관계에 과거에 있었거나 현재 데이트 중인 성인 또는 미성년자로' 상기한 보호명령 부과대상을 정하고 있다. 또한 이들이 '현재 로맨틱한 관계에 있거나 과거 있었던 경우'는 전부 보호명령을 받을 수 있도록 하고 있다. 따라서 이러한 모호성 때문에 판사들도 '데이트관계'를 판단하는 정확한 기준이 없어 혼란을 겪는 경우도 발생함에 따라,[149] 미국의 뉴저지 주에서는 Andrews v. Rutherford(2003)사건 이후로 기준을 설정 하였고, 이 기준에 대해 법원에서는 데이트관계의 입증방법을 여섯가지 질문을 통하여 제시하고 있다. ① 최소한 서로가 사회적으로 얼마나 결합성이 있는지, 또한 교제관계가 자유로웠는지? ② 데이트관계의 기간과 지속성은 어느 정도 였는지? ③ 만남의 이유와 빈도의 정도는 어느 정도인지? ④ 만남지속에 대한 미래의 기대는 어떤 것인지? ⑤ 상대방에 대하여 어떤 언어나

145) 택사스 주에서는 연애관계의 판단을 함에 있어 관계의 길이, 관계의 성격, 당사자 간의 친밀도가 고려되어야 한다고 규정하고 있다(Tex. Fam. Code § 71.0021(b)).

146) 류병관a, 앞의 논문, 96면.

147) Tex. Fam. Code § 71.004(3) "Family violence" means: (3) dating violence, as that term is defined by Section 71.0021.

148) 주승희, "데이트 폭력 대처방안에 대한 소고 - 폭력전과공개제도를 중심으로 -", 「법학연구」, 제61권 제2호, 부산대학교 법학연구소, 2020, 113면.

149) Geoffrey Thomas Greenlees, "Drawing the necessary line: A review of dating domestic violence statutes around the united states", Family Court Review. Oct 2012, Vol. 50 Issue4, p. *679.*

행동으로 서로의 관계를 보여주는지? ⑥ 연인간의 관계를 유지하거나 헤어진 이유가 무엇인지? 등이다.[150] 둘째, 몇몇 주에서는 데이트관계에 대한 법적정의를 갖고 있다. 그러나 그 정의의 개념이 너무 넓고 추상적이라는 비판이 있다. 이러한 이유로 실제 데이트폭력 사건에 있어 법원이 데이트관계를 인정하는데 특별히 고려되어야 할 요소를 제공하지 못한다는 비판이 있다.[151] 셋째, 일부 주에서는 명문화된 법을 통해 여러 가지 요소로 데이트관계를 인정하고 있지만, 주관적 요소에 관한 내용이 포함되어 있어 데이트관계를 사건별로 판사의 판단에 의해 결정되기 때문에 여전히 문제의 소지는 있다.[152] 그 외에 데이트폭력범죄 피해자 관련 보호명령 규정이 없는 주가 있으며, 일부 주에서는 데이트폭력범죄의 개념에 동성애자를 명문으로 제외하고 있기도 하다.[153] 데이트폭력범죄의 피해자가 보호명령을 받기 위해서는 피해자가 '임박한 학대 위험의 가능성'이 존재해야 한다.[154] 법원은 피해자에 대한 '임시보호명령'은 반드시 피해자가 참석하지 않아도 가능하다.

2. 스토킹금지법

스토킹은 일반적으로 원하지 않는 추적의 패턴, 신뢰할 수 없는 위협, 그리고 공포를 유도하는 것으로 설명할 수 있다.[155] 미국은 스토킹금지법(Stalking Statute Act)이 생기기 전에는 스토킹으로 인해 피해를 입는 피해자에게 보호명령으로 보호하였지만, 피해자가 자신의 피해를 증명하기 어렵다는 한계점이 있었다. 이러한 문제를 해결하기 위해 스토킹법률을 제정하게 되었다. 스토킹

150) 류병관a, 앞의 논문, 97면.
151) 류병관a, 앞의 논문, 97면.
152) 류병관a, 앞의 논문, 98면.
153) 류병관a, 앞의 논문, 98면.
154) 김선협, "데이트 폭력 처벌에 관한 연구", 「법학논문집」 제40권 제3호, 중앙대학교 법학연구원, 2016, 153면.
155) J.Reid Meloy·Lorraine Sheridan, "Jens Hoffmann,Stalking, Threatening, and Attacking Public Figures : A Psychological and Behavioral Analysis", Oxford : Oxford University Press, 2008, P.5.

금지법은 1990년에 캘리포니아주에서 입법한 후 지금은 미국의 모든 주가 입법하여 스토킹범죄에 대응하고 있다. 연방스토킹금지법은 미국 주의 경계를 넘어 상해, 감시, 괴롭힘 등의 스토킹 행위를 처벌하고 있다. 스토킹은 가장 일반적으로 이전에 긴밀한 관계를 가진 자에게 나타나며,[156] 사랑, 증오 등에 의한 스토킹은 스토커와 피해자 모두에게 직업적·사회적 기능을 손상시킨다.[157] 스토킹으로 인한 피해자들은 우울증, 불안감을 느끼게 되고 심지어 직장을 그만두는 일까지 발생하게 된다.[158] 반면에 스토커의 상당수는 정신적 장애를 가지고 있는 것으로 나타나는데 스토커에게 치료를 제공하는 것은 피해자에 대한 장기적인 보호에 좋은 방법이라고 할 수 있다.[159] 이처럼 미국은 보호명령으로 피해자보호가 되지 않는 한계상황에 대해서는 스토킹금지법으로 보완하여 데이트폭력범죄 피해자를 보호하고 있는 것을 볼 수 있다.

제2절 영국

영국에는 가정폭력전과공개제도(Domestic Violence Disclosure Scheme; DVDS)로 '클레어법'(Clare's Law)을 시행하고 있다. 이 제도는 남자친구의 폭력에 의해 여성이 살해당한 사건이 계기가 되었다. 위의 사건에서 자신의 여자친구를 살해한 남성은 과거에도 연인을 폭력한 전력이 있었고, 이러한 사실을 피해여성이 미리 알았더라면 사고를 예방할 수 있었을 것이라는 판단에, 데이트 상대의 폭력전과를 정보공개하자는 사회적 공감대가 이루지면서 시행된 제도이다. 특히 이 제도는 폭력전과가 존재할 경우에는 연인관계에서도 재범의 우려가 있으며, 실제로 재범가능성도 높다는 조사결과를 토대로 만들어 졌

156) 박상열, "미국의 스토킹금지법에 대한 연구", 「비교형사법연구」 제5권 제1호, 한국비교형사법학회, 2013, 722면.

157) Debra A. Pinals, "Stalking : Psychiatric Perspectives and Practical Approaches", New York : Oxford University Press. 2007, P. 7.

158) 박상열, 앞의 논문, 719-720면.

159) 박상열, 앞의 논문, 739면.

다.[160] 이 제도의 목적은 연인관계에 있는 사람들이 상대방 연인의 폭력 등 전과기록을 신청 받아 그 사람과의 지속적인 만남의 여부를 결정하여 후에 발생할 수 있는 데이트폭력범죄를 예방하는데 있다. 무엇보다 연인간 서로의 예전 전과기록을 보고 연인사이의 여러 만남과정에서의 결정을 위해 정보 신청권이 본제도의 중요한 근거이다.[161]

그리고 영국의 「가정폭력 방지법(Preventing and Combating Violence Against Women and Domestic Violence(Ratification of Convention)Act)」에서는 가정폭력의 정의를 '친밀한 파트너 관계 또는 가정구성원이 16세 이상의 사람을 성별 또는 성적 정체성과 상관없이 통제하거나 강요, 위협, 폭력 등을 가하거나 학대하는 행위'라고 규정[162]하고 있다. 영국에서는 가정폭력 구성원 개념정의 안에 친밀한 파트너 관계라는 구성요건이 있으므로, 연인 간의 데이트폭력범죄가 발생할 때는 가정폭력전과공개제도를 활용할 수 있다. 이 제도의 구체적인 내용을 보면, 전과공개 여부의 결정은 세 단계를 거친 후 지역정보결정 위원회의 심사를 거쳐 결정된다.[163] 첫째, 단계는 경찰관의 접촉 단계인데, 잠재적 피해자나 부모 등이 경찰에 직접 정보공개를 신청하는 것이다. 경찰과 접촉하는 방법은 경찰서 방문, 경찰과의 거리에서 마주침, 전화, 이메일(e-mail), 인터넷 등으로 다양하다. 경찰은 신청자의 성명 등 개인정보 사항과 잠재적 가해자와의 관계에 대한 내용 등을 남겨두어야 한다. 그리고 신청인은 잠재적 가해자가 어떤 위험요소를 가지고 있는지를 기술해야 하며, 이 기술과정에서 신청자가 범죄를 당한 사실을 기술할 경우에는 경찰은 수사를 진행시켜야 한다. 또한 정보공개의 신청 유·무 등 절차와 관계없이 경찰은 잠재

160) 한성훈, 앞의 논문, 271면.

161) 이무선, "데이트폭력 방지를 위한 법적 쟁점과 입법방향", 「홍익법학」 제20권 제1호, 홍익대학교법학연구소, 2019, 469면.

162) 박우현·최응렬, "스토킹·데이트폭력 피해예방법의 제정방안", 「치안정책연구」 제31권 제1호, 경찰대학 치안정책연구소, 2017, 213면.

163) Home Office, Domestic Violence Disclosure Scheme- A consultation: Summary of Responses, 2012, pp.14-20.(소병도, "영국의 가정폭력전과 공개제도 도입에 대한 고찰", 「경찰학연구」 제16권 제2호, 경찰대학, 2016, 65면에서 재인용).

적 가해자가 자신의 연인을 상대로 위험한 행동이 임박했다는 사실을 인식하면 적절한 조치를 취해야 한다.

둘째, 경찰관이 정보공개 심사가 필요하다고 판단되는 경우 경찰은 정확한 위험성 등의 내용을 파악하기 위하여 신청인과 면담 단계를 거쳐야 한다. 그 기간은 열흘안에 이루어져야 하며, 경찰은 신청인과의 면담과정에서 혹시 있을지 모르는 신청인의 불순한 의도가 있는지를 확인한다. 이후 신청이유에 대한 심사를 거쳐 정보공개 여부를 결정한다. 이 단계에서 신청인인 잠재적 피해자를 위한 보호조치를 취할 수 있다. 그리고 경찰은 신청인을 통하여 상대방인 잠재적 가해자의 범죄혐의를 인지한 경우에는 수사절차를 진행해야 한다.

셋째, 종합평가 단계로 잠재적 피해자가 직접 신청한 경우에는 가정폭력, 스토킹 등의 범죄에 관한 내용과 국가가 소유하고 있는 정보가 같이 고려되어야 한다. 반면에 잠재적 피해자의 관계인이 신청한 경우에는 이와 달리 바로 지역 정보공개 결정위원회에 회부된다. 이 정보공개 결정위원회의 회부는 경찰이 신청인이 위험이 있음을 범죄 수사 혹은 타 기관을 통해 획득한 정보를 통하여 알았을 경우, 국민의 알 권리를 토대로 전과공개의 조치를 위한 것으로 공개유무에 대하여 판단을 위한 것이다.[164] 이는 잠재적 피해자의 신청이 없는 이유로 바로 지역 정보공개 결정위원회에 회부된다. '문의할 권리'와 '알 권리'에 의한 정보공개 여부에 있어 지역 정보공개 결정위원회는 최종적으로 잠재적 가해자의 전과공개의 공개여부에 대한 결정권을 가진다. 가해자의 전과공개는 ① 정보공개가 잠재적 피해자를 보호하기 위한 필요성이 있고, ② 필요한 정보만을 공개해야 하며, ③ 절박한 필요성이 인정 되어야 할 수 있다. 지역 정보공개 결정위원회에서 공개 결정이 확정된 경우에는 신청인을 보호하기에 가장 좋은 정보와 사람, 공개방법의 결정이 필요하다. 한편, 비공개 결정을 할 경우에는 알 권리에 의한 경우 결정이유가 무엇인지를 기재해야 한다. 그리고 문의할 권리에 의한 신청일 때에는 신청한 자에게 결정이유가 무엇인지를 제

164) Home Office, pp.21-23.(소병도, 앞의 논문, 66면에서 재인용).

시해야 한다. 그러나 이 경우 결정과정에 대한 정보는 미제공 되며, 이러한 내용은 잠재적 가해자에게 통지 의무는 없다.[165)] 잠재적 가해자에게 정보공개 신청에 대한 정보가 신청인에게 공개되어 정보가 제공되었음을 알려줄지를 결정해야 한다. 정보공개의 제공에 대한 통지는 그 영향에 대한 정보가 포함되어야 하며, 해당 정보는 관련 기관에도 제공되어야 한다.[166)] 만약 신청인에게 잠재적 가해자인 연인의 전과 자료가 제공된 사실에 대해 잠재적 가해자인 연인이 알았을 경우에 신청인에게 해악을 가할 위험이 있는 경우에는 정보제공에 대한 통지를 생략할 수 있다.

제3절 일본

1. 배우자로부터의 폭력방지 및 피해자 보호에 관한 법률

일본의 경우는 「배우자로부터의 폭력방지 및 피해자 보호에 관한 법률(配偶者からの暴力の防止及び被害者の保護に関する法律)」(이하, 'DV방지법'이라 한다)을 두고 있다. 일본의 DV방지법은 2001년에 시행되어 그동안 가정 안에서 부부간의 문제였던 배우자 간의 폭력이 발생되면 가정 내에서 끝나는 것이 아니라 법적문제로 취급하여 서로의 관계가 배우자 간이라도 폭력행위는 허용하지 않는다는 것을 법률로 정의하고 있다. 그러나 이 법의 문제점은 보호대상자의 개념정의로서 법률혼(사실혼포함)관계에 있는 민법상 대상자만 해당되어 있다. 이런 이유로 연인관계에 있는 자들은 이 법에 해당되지 않아 보호대상이 되지 않는 것이었다.[167)] 과거 일본에서 배우자 폭력(DV)은 배우자간 간의 폭력과 더불어 아동과 노인학대도 포함하는 개념이었지만, 제정된 DV방지법에 의

165) Home Office, pp.23-26.(소병도, 앞의 논문, 66면에서 재인용); 주승희, 앞의 논문, 115-117면.

166) Home Office, p.24(소병도, 앞의 논문, 65-66면에서 재인용).

167) 박웅광, "데이트폭력에 대한 경찰권 발동의 법적 문제-일본의 DV(Domestic Violence)방지법 개정동향을 중심으로", 「한국경찰연구」 제14권 제3호, 한국경찰연구학회, 2015, 77-78면.

하여 배우자 폭력은 부부(사실혼 포함) 그리고 이혼부부 등에서 생기는 폭력행위로서 그 의미를 확대하였다(DV방지법 제1조 제3항).

일본에서는 배우자 폭력(DV)에 대한 정확한 정의는 없다. 그러나 일반적으로 "배우자나 연인과 같이 친밀한 관계에 있거나 그러한 관계에 있었던 자로부터 받게 되는 폭력"이라는 의미로 사용되고 있다.[168] 또한 일본은 데이트폭력범죄 문제가 사회적으로 커지자, 2013년 법 개정을 통하여 '연인 간의 폭력'의 경우, 연인이라도 그들이 동거 중인 관계이면 보호대상으로 편입하여 보호대상을 확대하였다. 하지만 이러한 피해자 보호를 위한 노력도 한계가 있었다. 그것은 연인 간이라도 그들의 관계가 동거 중이지 않으면 데이트폭력범죄 피해자는 보호대상에 포함되지 않는 사각지대가 발생하여 이 경우의 데이트폭력범죄 피해자는 보호 및 지원을 받을 수 없다는 것이다. 이렇게 DV방지법의 적용대상이 제한됨에 따라 '교제 내지 데이트'라는 개념이 모호하게 되어 명확하지 않다는 것을 이유로 들고 있지만, 이런 보호의 사각지대는 스토커규제법등으로 피해자를 보호하고 있다.[169] 또한, 일본경찰청에서는 연인 간의 폭력범죄에 관하여 배우자폭력, 스토커행위, 리벤지포르노를 모두 포함한 유형으로 보고 있다. 그리고 사건을 '연애감정 등의 갈등에 의한 폭력사건'으로 구분하고 있다. 이때 경찰의 개입은 폭력행동에 따라 경고, 금지명령, 형벌로 구성된다. 그리고 피해자 보호를 위하여 가해자 검거 외에도 안전한 장소로의 피난이나 신변의 경계, 비디오카메라 설치, 110번 전화등록시스템 활용을 통한 피해자 보호를 하고 있다. 일본 내각부에서도 데이트폭력범죄 예방과 해결을 위하여 상담전화 및 인터넷 상담 등을 국민들에게 홍보하고 있으며, 내각부에서 3년 단위로 '남녀 간의 폭력에 관한 조사'를 하고 있다. 아울러 이 조사를 기반으로 데이트폭력범죄 예방교육 등의 성과를 분석하고 있다.

그리고 연인 간 성관계를 촬영한 리벤지포르노 문제에 대해서 일본은 2014

168) 日本法務省人権擁護局, 「人権啓発教材虐待防止シリーズ3：ドメスティック·バイオレンスDV」, 法務省, 2011, 3頁; 배상균, 앞의 논문, 5면에서 재인용.

169) 박웅광, 앞의 논문, 75-78면.

년에는 「개인 성적 화상기록의 제공 등에 의한 피해방지에 관한 법률(私事性的画像記録の提供等による被害の防止に関する法律)」(이하, '리벤지포르노 규제법'이라 한다)을 제정하여 시행하고 있다. '리벤지포르노'는 헤어진 연인에 대한 복수심으로 유포한 성행위 영상 및 사진이며, 이는 최근 일본 외에 우리나라에서도 데이트관계에서 결별한 후 상대의 연인에게 협박의 수단으로 악용되고 있다. 이러한 '리벤지포르노'는 데이트폭력범죄와의 높은 연관성이 있는 것으로 나타나고 있다.[170)]

〈표 4-1〉 일본의 DVD방지법의 제정·개정 현황과 특징

제정·개정	특징
제정 (2001년)	배우자로부터의 폭력을 '신체적 폭력'에 국한
1차 개정(2004년)	〈폭력의 범위를 확대〉 ▪ 정신적 폭력 포함 (협박, 모욕, 성적 관계의 강요 등 포함) ▪ 자녀를 이용한 폭력 ▪ 경제적 우위를 이용한 경제적 폭력
2차 개정(2007년)	〈스토커 규제법에 가까운 기능 수행〉 ▪ 협박행위도 보호명령 대상에 포함 ▪ 피해자에 대한 직접적인 접근뿐만 아니라 전화·FAX 또는 이메일 등도 금지의 대상 추가 ▪ 접근 금지명령 대상을 확대(본인과 자녀에서 피해자의 친족이나 지인으로 확대)
3차 개정(2013년)	'생활의 본거지를 같이 하는 교제 상대'(동거하는 연인)로 부터의 폭력 및 그 피해자에 대해서도 배우자로부터의 폭력 및 그 피해자에 준하는 적용대상으로 명기. ※ 공동생활의 형태, 은밀성, 지속성 등이 배우자폭력과 유사하고 배우자로부터의 폭력 피해자와 유사한 구제의 필요성이 인정된다는 점에서 '준용'의 형태로 포함시킴. 따라서 기존의 배우자 폭력과 관계되는 보호명령 등의 규정은 제한 없이 적용됨. ※ 생활의 본거지를 같이하는 교제 상대방에 대하여는 '혼인의사가 인정되지 않는 경우 포함. 즉, 공동생활만 인정되면 되고, '공동생활'을 하고 있지만 '혼인의사'가 인정되지 않았기 때문에 '사실혼'으로도 구제 대상이 되지 않았던 케이스가 새롭게 보호대상이 됨.[171)] ※ 다만, DV방지법은 '사실혼'인 것은 요구하지 않지만 '단순한 동거'로는 부족하고 최소한 '혼인관계와 같은 유사한 공동생활'을 하고 있을 것을 요구함. ▪ 현행 DV방지법에서는 배우자로부터 폭력을 받은 후 이혼 등을 하였지만 계속하여 폭력을 받은 경우도 적용대상으로 하고 있음.

170) 배상균, 앞의 논문, 7-9면 참조.

171) 사실혼을 보호대상에 포함시키고 있는 점은 우리나라에 시사하는 바가 크다. 가정폭력 신고 시에 현장에서 법률혼 또는 사실혼이 인정되어야 현재 가정폭력 사건으로 처리되어 임시조치 등 피해자가 보호를

〈일본 DV방지법상 보호명령 제도〉
1. 접근금지명령
2. 퇴거명령
3. 미성년 자녀에 대한 접근금지명령
4. 전화 등의 금지명령
5. 친족에의 접근금지명령

※ 출처 : 김한중·강동욱a, 앞의 논문, 186-197면.

2. 스토커행위의 규제 등에 관한 법률

일본은 2000년 초반까지 데이트폭력범죄 문제가 우리나라와 별반 다르지 않았다. 그러나 데이트폭력범죄와 관련된 사건들이 증가하면서 이를 해결하기 위하여 데이트폭력범죄에 적극적으로 대응하고자 데이트폭력범죄와 관련한 법률을 제·개정하기 시작하였다. 2000년에는 「스토커행위 등 규제 등에 관한 법률(ストーカー行為等規制等に関する法律)」(이하, '스토커규제법'이라 한다)을 제정하여 스토커 행위[172] 등에 대한 해결방안을 만들었고, 2013년에는 이 법률에서 규제하고 있는 대상의 행위를 확대하였다. 또한 2013년에는 「배우자로부터의 폭력방지 및 피해자 보호에 관한 법률」(이하, 'DV방지법'이라 한다)을 개정하여 '연인 간에 생활을 같이 하는 동거 관계'에 있는 때에도 동법을 적용할 수 있도록 적용대상을 확대하였다.

3. 사생 성적 화상기록의 제공 등에 의한 피해방지에 관한 법률

일본은 연인사이에서 발생하고 있는 '리벤지포르노' 문제에 대하여 대응하기

받을 수 있다. 경찰은 사실혼의 경우에는 '사실혼 체크리스트'를 작성하여 사실혼 유무를 판단하고 있지만 단순 동거의 경우, 폭행 등 사건발생 시 일반 형법에 따라 사건을 처리하고, 가정폭력관련 법률에 규정된 임시조치 등은 신청할 수가 없어 데이트 보복범죄 등 악순환이 계속되고 있다.

172) 일본 스토커규제법 제2조의 스토커의 구체적인 행위 유형은 ① 따라다니기, 잠복하여 기다리기, 진로 가로막기, 주거·근무처·학교 기타 그 통상 소재하는 장소 부근에서 지켜보기 또는 주거 등에 억지로 들어가기, ② 그 행동을 감시하고 있다고 생각할 수 있는 사항을 알리거나 알 수 있는 상태에 두는 것, ③ 면회, 교제, 기타 의무 없는 일을 요구하는 것, ④ 현저히 거칠거나 난폭한 언동을 하는 것, ⑤ 전화를 걸어 아무 말도 없거나, 거절함에도 계속 전화를 거는 것 또는 팩스를 통해 송신하거나 전자메일을 송신하는 것, ⑥ 오물, 동물의 사체 등 현저히 불쾌감이나 혐오감을 느끼게 하는 물건을 보내거나 알 수 있는 상태에 두는 것, ⑦ 명예를 해하는 사항을 알리거나 알 수 있는 상태에 두는 것, ⑧ 성적 수치심을 해하는 사항을 알리거나 알 수 있는 상태에 두는 것, 또는 성적 수치심을 해하는 문서, 그림 기타 물건을 보내거나 알 수 있는 상태에 두는 것 등이다(박웅광, 앞의 논문, 88면).

위하여 2014년에 「사생 성적 화상기록 등에 의한 피해방지에 관한 법률(私事性的画像記録の提供等による被害の防止に関する法律)」을 제정하였다. 이처럼 일본의 데이트폭력범죄와 관련된 법제들은 규제의 대상을 넓히고 있다.[173] 이러한 규제의 대상을 확대하고 있는 것은 교제 상대방의 폭력에 대한 처벌 등 해결과 재범방지 등 피해자보호 문제가 지속적으로 제기되고 있고, 동거를 같이 하는 연인 간의 폭력예방과 피해자의 보호를 위한 대책의 필요성 때문이다.[174] 그리고 일본은 보호명령제도 등의 대상을 확대하여 동거를 하는 연인으로부터의 폭력피해를 당한 후 이별한 경우라 할지라도 그 상대방으로부터 반복적인 폭력으로 부터 피해자가 중대한 위해를 받을 우려가 있는 경우에 그 행위자에게 보호명령을 발할 수 있도록 하여 피해자를 보호하고 있다.[175] 일본에서는 비록 배우자폭력(DV)에 대한 개념의 정의는 없지만, 일반적으로 "배우자나 연인과 같이 친밀한 관계에 있거나 그러한 관계에 있었던 자로부터 받게 되는 폭력"이라는 의미로 사용되고 있다.[176] 또한 데이트폭력범죄의 피해자 보호를 위하여 2013년에는 법 개정을 통해 '동거 중인 연인 간'으로 보호대상을 넓혔지만, 이 또한 동거하지 않는 연인 사이에서는 현행 DV방지법상 보호대상에 포함되지 않기 때문에 사회적 보호·지원을 받을 수 없다는 점에서 여전히 문제를 해결하기에는 한계가 있다. 그러므로 '연인 간 폭력'의 경우 동거의 유무와 상관없이 피해자를 보호해야할 필요성이 있다는 연구도 있다.[177] 이런 부분에 대해서도 일본의 스토커규제법이 그 법의 사각지대를 보충해줄 것으로 보인다. 스토커규제법에서는 여인사이에 동거하고 있지 않은 연인끼리의 폭력도 규제대상으로 하고 있다. 이는 DV방지법의 적용대상이 동거 중인 즉, 공동생활을 같이 하는 경우에만 해당되는 공백을 보충하기 위한 것이다. 한편, DV방

173) 한성훈, 앞의 논문, 272면.

174) 박응광, 앞의 논문, 80면.

175) 박응광, 앞의 논문, 83-84면.

176) 日本法務省人権擁護局, 「人権啓発教材虐待防止シリーズ3：ドメスティック·バイオレンスDV」, 法務省, 2011, 3頁; 배상균, 앞의 논문, 5면에서 재인용; 박응광, 앞의 논문, 80면.

177) 배상균, 앞의 논문, 5면; 박응관, 앞의 논문, 77면.

지법과 스토커규제법은 별개의 문제를 다루는 법제가 아니라는 점에서 교제 중이거나 교제관계가 해소한 후에도 적용될 수 있다.

이처럼 일본의 경우 교제하는 상대방으로 부터의 폭력에 대해서는 동거생활을 하고 있는 경우에는 DV방지법, 그렇지 않은 경우에는 스토커규제법에 의한 규제를 하고 있는 점에서 비록 제한적이지만 법적·제도적인 장치를 갖추고 있다고 할 수 있다.[178] 또한, 일본의 '리벤지포르노규제법'은 개인이 만든 성적 영상을 인터넷 등에 유포하여 피해자의 사생활의 평온을 침해하는 행위를 처벌하고, 해당 성적 영상의 유포로 피해가 발생한 때에 피해자에 대한 적절한 지원 및 지원체계를 구축함으로써 피해확대를 방지하기 위한 법으로서 '리벤지포르노'(Revenge Porn; 헤어진 연인이 복수심에 유포한 성행위 영상 및 사진)에 적극적으로 대처하고 있다.[179] 동법은 리벤지포르노 가해자와 피해자의 관계에 있어서 교제관계가 다른 관계에 비해 월등히 많았던 점에서 데이트폭력범죄와 높은 연관성이 있다.[180]

178) 박웅광, 앞의 논문, 89면.

179) 윤상민, 앞의 논문, 311면.

180) 배상균, 앞의 논문, 17면; 우리나라도 리벤지포르노와 관련된 사건이 발생한 적이 있다. 서울 가락동 스토킹 살인사건은 데이트폭력과 디지털성범죄까지 복합적인 양상을 띠고 있다. 범인 한씨와 피해자는 1년이 안되는 기간 동안 교제를 했고, 지난해 3월 초 피해자가 헤어질 것을 요구하자 스토킹을 시작했다. 평소 피해자는 한씨와 교제하면서 직업 등 각종 거짓말과 집착, 감시에 고통을 호소했다. 피해자는 한씨의 눈치를 보며 어렵사리 이별을 요구했지만 집착은 더욱 심해졌다. 한씨는 헤어진 여자 친구와 부모, 남동생이 함께 사는 아파트에 찾아가 감시하고 만날 것을 요구했다. 동영상이 있다며 USB에 담아 미국에 사는 동생에 우편으로 보냈고, 만약 자신의 신상에 문제가 생기는 한이 있라도 유포할 수 있다며 치밀하게 협박하기도 했다. 자살하겠다고 협박도 하고, "전에 사귄 여자 친구는 다리만 부러뜨렸는데 너에겐 그렇지 않을거다"는 식으로 위협도 했다. 이별 직전 빌렸던 돈 수백만원을 갚겠다며 불러내기도 했다. 피해자 가족들은 한씨가 집 앞에 찾아와 차를 대고 감시하는 것을 알면서도 보복 당할까봐 두려워 경찰에 신고조차 못했다. 아버지는 딸을 차에 태워 출퇴근시켰지만 그것마저 불가능해 집밖을 나가지 못할 때도 있었다. 피해자는 공포와 불안으로 급격하게 살이 빠졌고 실어증 증상을 보였다. 며칠 보이지 않던 한씨가 다시 나타난 때는 4월 19일 오전. 아버지는 한씨의 스토킹이 끝났다고 생각해 오랜만에 운동하러 나갔고 그틈을 타 한씨가 집에 찾아갔다. 가방에 칼 세자루와 등산용 로프, 염산이 든 박카스병, 마스크, 장갑 등을 챙겨 갔으며 번호판 없는 도주용 오토바이 등을 미리 준비했다. 출근 준비하던 피해자는 그 사실을 모른 채 집안으로 불러 그와 대화를 시도했다. 그러나 한씨가 위협적으로 나오자 맨발로 집 밖으로 도망쳤고 뒤쫓아가 흉기로 마구 찌른 뒤 도주했다가 다음날 경찰에 붙잡혔다. 여성신문, "가락동 스토킹 살인사건② 발생부터 대법원 판결까지 사건 일지" : http://www.womennews.co.kr/news/articleView.html?idxno=117107(검색일: 2020.12.20.).

제4절 독일

독일의 경우에도 우리나라와 같이 현재 데이트폭력범죄에 대한 특별법을 갖추고 있지 없다. 그러나 가정폭력범죄나 성폭력범죄 등에 대응하기 위하여 2002년 '폭력보호법'을 제정하여 가정폭력이나 여성에 대한 폭력 등으로부터 피해자를 보호하기 위하여 거처양도명령제도(Wohnungs berlassung)의 도입하여 법적보호를 하고 있다. 가해자에게는 가정폭력이 사적영역에서 행해져도 결코 사적인 문제가 아님을 보여준다. 이 제도는 결혼이나 동거가 아닌 연인관계에 있는 사람들도 해당한다는 점에서 데이트폭력의 피해자 역시 동법상의 보호대상에 해당한다. 즉, 피해자가 원치 않음에도 피해자의 주거지에 침입하거나 지속적으로 쫓아다니는 등의 행위, 이른바 스토킹(Stalking) 행위로 인한 피해자가 보호대상이 된다.[181)]

독일의 거처양도명령제도는 가정폭력뿐만 아니라 친밀한 관계에 있는 상대인지 여부를 불문하고 보호영역을 넓혀 적용되고 있다는 특징을 가지고 있다.

제5절 소결

앞에서 외국의 데이트폭력 관련법을 살펴보았다. 미국의 경우는 스토킹금지법에서 보호명령의 대상을 확대하여 데이트폭력 피해자를 보호하고 있었다. 이 법은 스토킹법률에서 보호명령으로 피해자 보호가 되지 않는 한계를 보완하여 데이트폭력범죄 피해자를 보호하고 있다는 점에서 우리에게 시사하는 바가 크다. 그리고 영국에서는 '클레어법'이라고 불리는 가정폭력전과 공개제도를 시행하고 있다. 이 제도는 피해자가 상대방의 폭력전과 공개를 요청할 수 있도록 하여 피해자의 반복적인 폭력예방이나 안전한 교제 등을 할 수 있도록 한다는 점에서 최근 국내 선행연구에서도 많이 소개되고 있다. 하지만 이 제도

181) 김선협, 앞의 논문, 155면.

가 남용될 경우에는 상대방에 대한 판단기준이 과거의 전과에 치우치게 되어 선입관을 가지게 된다는 단점도 내포되어 있다. 가정폭력전과공개제도는 사생활의 보호와 피해자 보호권 간의 충돌에 있어서, 상습적인 가정폭력범의 전과를 공개하는 것에는 문제의 소지가 적겠지만, 일회적이거나 경미한 가정폭력 전과를 공개할 경우에는 해당 정보공개 대상자가 형벌을 받았음에도 사후적인 정보공개로 인해 사회생활이나 직장생활에 큰 피해를 입힐 수 있다. 즉, 상대방에 대한 위험의 측정이 잠재적 피해자의 지각에 상당부분 의존한다는 문제점 등이 있다.[182] 그러므로 이 제도를 도입할 경우에는 정보공개대상자가 3회 이상 폭력행동이 반복되는 경우에 한정하여야 할 것이며, 정보공개대상자가 잠재적 피해자에게 미칠 위험이 명백하게 실존하는 경우에만 정보를 공개하여 데이트폭력범죄 피해자를 보호하여야 할 것이다.

일본은 데이트폭력범죄가 사회적 문제로 커지면서 2013년 「배우자로부터의 폭력방지 및 피해자 보호에 관한 법률」을 개정하여 '연인 간의 폭력'의 경우, 연인이라도 그들이 동거 중인 관계이면 보호대상으로 편입시켜 데이트폭력범죄 피해자를 보호하고 있었다. 그리고 최근 우리나라에서도 제기되고 있는 리벤지포르노 문제에 대하여도 「사생 성적 화상기록의 제공 등에 의한 피해방지에 관한 법률」로 피해자 보호를 하고 있다.

마지막 독일의 경우에는 폭력보호법에서의 거처양도명령제도에 의하여 데이트폭력 피해자를 보호하고 있다. 독일은 다른 나라에 비하여 데이트폭력 관련 자료가 많이 소개되어 있지 않아 다른 나라에 비하여 연구에 한계점이 있었다. 선진국들의 데이트폭력 법률을 보면 모두 가해자의 처벌 외에 피해자 보호에 많은 신경을 쓰고 있는 것을 볼 수 있었다. 이런 이유로 상기한 외국의 법제를 참고하여 데이트폭력범죄 관련특별법의 제정을 통해 데이트폭력범죄의 개념정의를 명확히 하면서 재범방지를 위한 피해자의 보호조치를 신속하게 할 수 있는 법률이 필요하다는 것이다.[183]

182) 주승희, 앞의 논문, 119면.

183) 김한중·강동욱a, 앞의 논문, 201-202면.

우리나라의 경우는 현재 데이트폭력범죄는 증가일로에 있고, 언론보도에서도 데이트폭력범죄 관련 문제해결의 필요성을 신속히 보도하고 있다. 그러나 국회의 법률안은 20대 국회에서 통과되지 못하고 자동폐기 되었다. 이에 여성단체·정치권 등에서 이 문제를 해결하기 위하여 데이트폭력범죄 관련특별법 도입의 필요성을 제기하고 있으며[184), 2020년 12월에는 스토킹범죄에 대해 징역형으로 처벌할 수 있는 법률 제정안이 국무회의를 통과했다.[185) 최근 여성혐오문제로 여성을 비하하는 많은 조속한 표현들이 널리 퍼지고 있는 상황이다. 최근에도 여성을 대상으로한 폭력과 심지어 살해사건이 계속 발생하고 있다. 또한, 가정폭력, 성폭력, 데이트폭력, 묻지마폭력 등으로 많은 여성들이 일상생활에서 불안감을 느끼고 있다. 이런 사정을 고려하여 「여성폭력방지기본법」(법률 제16086호, 시행 2019. 12. 25.)을 제정하였지만, 최근 데이트폭력범죄 피해자 중 남성의 비율도 증가하고 있기 때문에 데이트폭력의 문제가 여성만의 문제는 아님을 보여주고 있다. 이로 인하여 본법의 적용에 있어 최근 남성에 대한 역차별의 문제가 제기되고 있다. 한편, 데이트폭력범죄 현장에서도 데이트폭력범죄 피해자들은 경찰관에게 데이트폭력범죄의 경우 가해자가 피해자에게 접근하는 것을 막는 '접근금지' 등 임시조치제도의 신설이 필요하다고 주장하고 있고, 또한 데이트폭력범죄를 직접 처리하고 있는 현장경찰관들도 데이트폭력범죄의 경우에도 가해자가 피해자에게 접근을 차단하고 피해자 보호를 위한 임시조치 규정의 신설이 필요하다고 주장하고 있다. 따라서 데이트폭력범죄의 경우에는 우선적으로 인적 범위를 어떻게 설정해야 할 것인지 명확하게 정립되어야 하고, 그에 따라 피해자 보호제도 등 데이트폭력범죄 문제를 종합적으로 다룰 수 있는 데이트폭력범죄 특별법이 제정되어야 할 것이다.

184) 박우현·최응렬, 앞의 논문, 201면.

185) YTN, "스토킹은 범죄, 징역형으로 처벌...국무회의 통과" : https://n.news.naver.com/mnews/article/052/0001531934?lfrom=kakao(검색일 : 2020. 12. 29)

제5장

데이트폭력범죄의 효율적 대책방안

제5장 데이트폭력범죄의 효율적 대책방안

제1절 법적 개선방안

1. 데이트폭력범죄에 대한 '반의사불벌죄' 적용 배제(사건 피해 2회 이상일 경우)

데이트폭력범죄의 경우에는 일반 범죄사건과 다르게 사건의 관련자들이 서로 연인이라는 친밀한 인적 관계로 인하여 신고현장에 출동하여 보면 피해자는 평소 자신의 친한 연인이 자신에게 유형력 등을 행사한 것에 대한 극도로 흥분한 상태이므로 현장상황이 매우 혼란스럽다. 이러한 상황에서 피해자에게 가해자에 대한 처벌의사를 물어보면, 대부분의 피해자들은 처벌의사를 밝힘에 따라 출동 경찰관은 이에 대하여 사건처리를 하고 있다. 그러나 시간이 지난 후에 피해자의 흥분상태가 누그러지면, 가해자의 용서에 의해 피해자는 처벌의사를 철회하고 사건은 '공소권 없음'으로 마무리되는 경우가 많다. 하지만 데이트폭력범죄의 특징인 범죄의 반복성으로 인하여 데이트폭력범죄를 일으켰던 가해자는 다시 피해의 상대방에게 폭력을 행사하게 되고 또 다시 경찰에 신고가 접수되는 피해자의 신고의 반복성은 경찰 112 신고접수 시스템에 의해서 쉽게 확인되고 있다.

데이트폭력범죄에서 폭행에 해당하는 범죄유형이 가장 많다. 「형법」상 폭행죄는 피해자의 처벌의사에 반하여서는 처벌할 수가 없는 범죄로 반의사불벌죄에 해당한다. 그러나 데이트폭력범죄의 현장에서 상황을 고려해 보면, 데이트폭력범죄의 재범을 차단하기 위해서는 범죄가 반의사불벌죄에 해당하는 경우에도 성폭력범죄의 사건[186]처럼 피해자의 의사 유·무에 상관없이 사건이 처리되어야 한다. 다만, 획일적으로 반의사불벌죄의 적용을 배제하고 처벌위주의 처리는 긴밀한 연인 간의 관계를 회복시킬 수 있는 기회마저 국가공권력이 무리하게 빼앗아 갈 수 있는 문제가 발생하게 된다. 그러므로 데이트폭력범죄에 대한 반의사불벌죄의 적용을 배제하기 위한 요건으로 데이트폭력범죄의 피해가 2회 이상일 경우에 해당될 때로 한정하여 시행되어야 함이 바람직하다. 데이트폭력범죄의 반의사불벌죄의 적용을 배제함에 있어 일정 요건을 두는 이유는 데이트폭력범죄의 피해자는 가해자와의 긴밀하고 친밀한 관계성으로 인한 처벌의사를 정확히 표현하지 못하는 현실을 고려한 조치이다. 또한 피해자는 데이트폭력범죄를 당한 경우 흥분한 상태에서 가해자에 대한 처벌의사를 밝히고 있으나, 이러한 처벌의사를 정하는 과정의 명확하지 않을 수 있기 때문에 고려한 조치이기도 하다.

이러한 데이트폭력범죄에 대한 반의사불벌죄의 적용 배제는 데이트폭력범죄의 예방 및 재범방지에 효율적일 것이며,[187] 피해자 또한 자신이 법률관계의 의사표시를 함에 있어 신중한 태도를 지향할 것으로 사료된다.

2. 데이트폭력범죄 피해자에 대한 '접근금지 등' 임시조치 신설

현장실무에서는 데이트폭력범죄 112신고가 접수되면 경찰순찰차에 112신고 지령이 된다. 그러면 112 순찰차에 있는 112신고 지령을 받는 시스템[188]에 신고가 '데이트폭력범죄' 코드 0 또는 1로 표시되면서 지령되고 출동경찰관이 사건내용이 '데이트폭력범죄'라는 것을 확인하고 신속하게 현장에 출동하고 있다. 그리고 출동 경찰관은 피해자로 하여금 신고내용 청취와 처벌의사 등을 확인한 후 데이트폭력범죄의 가해자를 체포 또는 임의동행하여 사건접수 처리 후 사건관련자들을 형사계에 인계하고 있다. 사건을 인계받은 형사계에서는

186) 현재 성범죄의 경우는 2013년 6월 19일 「형법」(법률 제11574호) 개정에 의해 친고죄 규정이 폐지되면서 피해자의 의사와 관계없이 국가가 개입하여 사건을 처리하고 있다.

187) 김한중·강동욱a, 앞의 논문, 203-204면.

188) 경찰 순찰차 안에 있는 태블릿PC 장비이다. 이 장비는 신고지령 수신만이 아니라, 신고자의 신고 당시 전화 내용이 녹취되어 출동 경찰관이 청취할 수 있다.

사건관련자에 대한 조사가 끝나면 신병이 구속사건 외에는 가해자를 귀가조치를 하고 있다. 이 경우에 사건 관련자들은 '연인관계'라는 친밀한 인적 특수성으로 인하여 서로의 주거지 및 직장 등 개인정보를 많이 알고 있으므로 가해자는 피해자의 주거지 앞이나 전화 등을 통하여 만남을 시도하고 있다. 가해자의 피해자에 대한 만남의 시도는 데이트폭력범죄의 재범 및 보복범죄의 원인으로 작용하여 강력범죄로 발전될 가능성이 높다. 그럼에도 불구하고 데이트폭력범죄는 피해자를 보호하기 위한 가정폭력범죄에서의 '접근금지' 등 임시조치에 대한 규정이 존재하지 않으므로, 가해자에 대한 강제수단을 행사하기가 어려운 상황이다. 다만, 가해자가 피해자에 대한 주거침입 및 재범을 범할 경우에는 종전의 사건과는 별개의 사건으로 처리할 수는 있다. 또한, 현장실무에서는 가해자가 집 앞에서 연인을 기다리거나, 통신기기 등을 이용하여 연인에게 지속적으로 만남을 시도하는 경우에 가정폭력범죄의 사건처리처럼 '접근금지'규정이 필요하다는 것이 피해자의 가족 및 피해자, 그리고 사건을 처리하는 현장경찰관의 입장이다.

데이트폭력범죄는 밖으로 드러나지 않는 범죄의 암수성이 많고, 반복될 가능성이 높으므로 사건발생 시 접근금지 등이 필요하다. 그러므로 연인 사이로서 긴밀한 인적 관계인 가해자와 피해자를 서로 격리시켜야 하고, 가해자의 처벌처럼 피해자에 대한 적절한 보호가 필요하다.[189)] 그러므로 데이트폭력범죄의 피해자 보호를 위한 '접근금지' 등 임시조치 규정을 신설을 제한하였다. 하지만, 이러한 '접근금지' 등 임시조치를 할 경우에는 무고를 당하는 임시조치 관련자가 발생되지 않도록 해야 한다. 그러기 위해서는 피해자에게 중대한 책임이 있는 경우에 '접근금지' 등 신청을 하지 못하게 하는 '임시조치 신청 제한·금지규정'을 두어야 할 것이다. 그렇지 않는 경우에는 피해를 주장하는 사람이 고의적으로 폭력을 유발한 후 이를 핑계 삼아 임시조치를 신청하여 상대방에게 불이익을 주는 것처럼 악용될 수 있기 때문이다. 그러므로 데이트폭력범죄에 대한 '접근금지' 등 임시조치 제도는 피해자보호를 위한 제도로서 임시조

189) 이무선, 앞의 논문, 471면.

치 신청을 제한하는 경우에는 엄격한 요건 하에 인정되어야 한다.[190] 데이트폭력범죄에 대한 엄격한 요건을 조건으로 하는 피해자에 대한 '접근금지' 등의 임시조치가 시행될 경우에는 데이트폭력범죄의 재범 및 보복범죄의 발생을 방지할 수 있을 뿐만 아니라 범죄 피해자를 보호하기가 더욱 수월해질 것으로 전망된다.

3. 데이트폭력범죄 처벌법 제정

(1) 데이트폭력범죄 관련 특별법 제정

데이트폭력범죄는 연인관계에서의 싸움 등은 교제 중 흔히 생길 수 있는 연인 간의 '애정싸움'으로 잘못된 인식에 의해 사회적 문제로 발전되게 되었다. 최근에는 더욱더 범죄의 죄질이 살인 및 강간 등의 강력범죄로 높아지고 있으며, 범죄의 증가와 속도가 빨라지고 있다. 그리고 현장실무에서 경험해보면 피해여성의 상당수가 범죄를 인지하지 못하고, 자신이 범죄피해를 당한 사실을 인식하지 못하는 경우가 대부분이다. 이러한 이유로는 가해자가 연인관계라는 친밀한 인적 관계에서 발생하였기 때문이다. 이로 인하여 데이트폭력범죄는 신고 이후에도 피해자가 서로간의 긴밀한 인적 관계로 인하여 고민 끝에 용서하는 경우가 많이 나타나고 있다. 또한, 데이트폭력범죄를 경험한 여성들은 심리적으로 많은 외상을 겪게 되고, 많은 여성들은 예전의 연인관계였던 가해자의 보복범죄에 대한 두려움으로 데이트관계를 회피하거나 심한 경우에는 이성을 혐오하는 상태가 되기도 한다. 데이트폭력범죄는 가정폭력범죄와는 다르게 피해자보호를 위한 법적 수단이 미비한 실정이다. 이런 이유로 데이트폭력범죄는 재범과 동시에 2차 피해로 이어지는 사건들이 많이 나타나고 있기 때문에 가해자에 대한 처벌, 피해자보호와 예방을 위한 법적장치가 필요하다. 외국의 경우에는 데이트폭력범죄의 가해자에 대한 처벌뿐만 아니라, 피해자보호에도 많은 노력을 하고 있다.[191]

190) 김한중·강동욱a, 앞의 논문, 204-205면.

특히, 데이트폭력범죄의 현장에서 보면, 데이트폭력범죄는 관련자들이 서로 '연인관계'라는 긴밀한 인적 특수성 때문에 가해자가 피해자와 만남을 시도하지만, 피해자가 만남을 거부할 경우에 가해자는 격분 및 흥분상태에서 피해자를 상대로 폭행 등 데이트폭력범죄가 지속적으로 반복되고 있고 있으며, 살인 등 강력사건 등이 발생하고 있지만, 가정폭력범죄의 사건처리처럼 '접근금지' 등의 임시조치 규정이 존재하지 않는 등 재범방지를 위한 피해자의 보호조치에 한계가 생기므로 데이트폭력범죄의 예방 및 재범방지를 위한 특별법의 제정이 필요하다는 것이 현장실무에서의 피해자들과 경찰관들의 입장이다.[192)]

최근에 들어 청년층의 결혼에 대한 관념도 예전과 달리 많이 변화하면서 결혼기피 현상과 혼자 사는 가구의 증가로 인해 가정폭력 보다는 '연인 간의 폭력'이 더 증가할 것으로 예상된다. 그리고 최근 법률혼, 사실혼 등에 속하지 않는 연인 간의 교제 역시 증가함에 따라 데이트폭력범죄는 증가할 것이다.[193)] 그러므로 데이트폭력범죄에 대응하기 위한 방안으로 본 논문에서는 (가칭) '데이트폭력범죄 처벌 및 피해자 보호 등에 관한 법률'의 제정을 제시하고 있으며, 데이트폭력범죄에 대한 법률을 제정함에 있어 반드시 데이트폭력범죄의 특징 등이 고려되어야 할 것이다.

(2) 구체적 내용

(가칭) '데이트폭력범죄 처벌 및 피해자 보호 등에 관한 법률안'의 목적은 과거, 현재의 연인사이에서의 폭력행위를 예방하고 피해자를 보호함으써 국민의 안전을 목적으로 한다. 구체적인 내용은 데이트폭력 피해 2회 이상인 경우, 그 범죄가 반의사불벌죄의 경우에도 반의사불벌죄의 적용배제, 피해자에 대한 접근금지를 내용으로 하는 임시조치 신설, 데이트폭력 전과공개요구 제도 신설 , 데이트폭력 피해 사건처리접수 숙려기간 시설(단, 반의사불벌죄의 경우), 협박

191) 이무선, 앞의 논문, 464면.

192) 김한중·강동욱a, 앞의 논문,17면.

193) 정지혜, 앞의 논문, 194면.

·괴롭힘 범죄행위 시 통신기기 발신 정지·취소제도 신설 등을 주요 내용으로 한다.

이는 현재 데이트폭력범죄의 반복성과 보복성으로 인한 사회문제를 해결하기 위하여 데이트폭력범죄를 처리할 수 있는 특별한 형사절차를 법제화함으로써 데이트폭력범죄 특징에 따른 적절한 대응을 내용으로 하는 특별법 (가칭) '데이트폭력범죄 처벌 및 피해자 보호 등에 관한 법률'을 제정하여 시행할 필요가 있다.

4. 경범죄처벌법의 개정

현재 경범죄처벌법에서 '지속적 괴롭힘'을 경범죄의 종류 중 하나로 정의하고 있다. 스토킹과 관련 있는 규정으로 "상대방의 명시적 의사에 반하여 지속적으로 접근을 시도하여 면회 및 교제를 요구하거나 지켜보기 따라다니기, 잠복하여 기다리기 등의 행위를 반복하여 하는 사람"[194]으로 규정되어 있다. 그리고 스토킹 행위는 데이트폭력범죄의 전 단계로 볼 수 있으며, 스토킹이 심해지면 데이트폭력범죄로 발전할 수 있는 징후를 보이고 있다. 스토킹 범죄의 경우 「경범죄처벌법」 제3조 제1항 제41호에서 '지속적 괴롭힘'이라는 용어를 사용하고 있다. 또한 '지속적 괴롭힘'과 같이 경범죄의 종류에 해당하는 행위를 한 경우에는 처벌하고 있으나, 그 구체적인 범위는 대통령령으로 정하고 있다.[195] 그러나 이는 데이트폭력범죄 등 범죄사건으로 발생할 징후나 가해자의 행동 등을 보면, 그 위험성에 비하여 처벌의 수준이 너무 낮다고 할 수 있다. 현재 현행법에서는 「경범죄처벌법」으로 10만원 이하의 통고처분으로 처리하고 있다. 이로 인하여 현장실무에서는 통고처분으로 신고사건이 끝나는 것이 대부분임으로 상대방의 스토킹 행위로부터 피해자가 겪는 불안감 및 그 위험성에 비하

194) 「경범죄처벌법」 제3조 다음 각호의 어느 하나에 해당하는 사람은 10만원 이하의 벌금, 구류, 과료의 형으로 처벌한다.

195) 「경범죄처벌법」 제3조 제1항 제41호(지속적 괴롭힘)에서는 상대방의 명시적 의사에 반하여 지속적으로 접근을 시도하여 면회 또는 교제를 요구하거나 지켜보기, 따라다니기 , 잠복하여 기다리기 등의 행위를 반복하여 하는 경우에는 범칙금 8만원으로 규정하고 있다.

면 스토킹 행위에 대한 일반인의 인식은 낮을 수 밖에 없는 실정이다.

그러므로 스토킹범죄에 대해서는 경찰이 적극적으로 개입하여 강력범죄로 발전되기 전에 예방할 필요성이 크다고 할 수 있다.[196] 이 규정의 구성요건을 보면 데이트폭력범죄의 선행요건에 해당하는 위험한 행동이므로, 데이트폭력범죄 예방을 위한 선제적 대응방안이 필요할 것으로 사료된다. 많은 데이트폭력범죄에 관련된 선행연구에서는 스토킹 행위에 대한 처벌과 관련된 별도의 스토킹방지법에 대해서 제정을 주장하고 있지만, 새로운 법안이 시행되기에는 불확실하기 때문에 새로운 스토킹 법안보다는 기존 규정에서 벌금을 상향하고 현장에서 현행범을 체포할 수 있는 방안이 더 실효성이 높다고 본다. 현재 「경범죄처벌법」의 처벌 규정으로 60만원 이하의 벌금, 구류, 과료로 되어 있는 '관공서주취 소란죄'에 대하여 지구대 등 경찰관서에서 주취난동시에 이 규정을 적극 활용하여 현행범을 체포하고 있다. 이러한 벌금 상향과 현행범 체포 등 법집행에 적극대응으로 '관공서내 주취소'란 등의 행위는 예전보다 많이 나아진 것을 치안현장에서는 경험하고 있다. 이런 내용을 참고하여 「경범죄처벌법」의 개정을 통하여 스토킹범죄에 대한 적절한 대응이 이루어져야 할 것으로 사료된다.

제2절 정책적 개선방안

1. 데이트폭력범죄 전과공개요구 제도 신설

현장실무에서 가정폭력범죄의 신고사건의 피해자를 만나보면, 배우자가 예전 연인관계로 교제할 때부터 폭력성이 있어 결혼에 신중을 기하였다고 말을 하는 경우가 많다. 데이트폭력 외에도 반복되거나 잘못된 습벽 및 지속적인 범죄의 행위는 쉽게 교정이 되지 않으며, 반복성이 보이는 부정적 폭력을 차단하

196) 박현정, 앞의 논문, 500면; 정지혜, 앞의 논문, 213면.

기 위해서는 합의되지 않고 강요당하는 만남이 나타나는 일련의 행위 등에 대해서는 사회적 정책의 관점에서 논해야 한다. 현재 영국에서 시행하고 있는 '클레어법'을 국내에서 시행하여 연애 후 결혼 결정 전, 혹은 교제 중 연인의 폭력사건 등이 발생할 경우 그 사람의 폭력습벽 등의 확인하기 위해 상대방의 '폭력범죄경력(전과조회)'[197]을 신청하여 열람할 수 있는 기회를 부여할 수 있도록 법제화할 필요가 있다.

'폭력범죄경력(전과조회)' 조회제도가 도입되면 상대방의 폭력 관련 전과를 확인을 통하여 상대방과의 교제 여부의 결정에 많은 도움이 될 것이고, 교제 중이라고 할지라도 그 사람의 폭력습벽이 확인될 경우에는 안전한 이별을 위한 수단을 미리 제공해 줄 수가 있다. 또한, 결혼 전에 미리 그 사람의 폭력적 성향에 대해서 문제를 생각해 볼 수가 있으므로 후에 발생할 가정 내에 배우자 폭행 등을 미연에 방지할 수 있을 것이다.[198]

국회입법 동향부분과 분석에 의하면 2017년 함진규 의원 등 10인이 발의했던 '데이트폭력범죄 처벌 등에 관한 특례법(안)'의 내용으로 제11조에 데이트폭력범죄 전과기록의 공개 부분이 규정되어 있다. 이 제도를 활용하여 상대방이 자신의 연인의 전과사실을 열람한 경우에도 그 사람이 또 다시 폭력을 행사할 것이라는 위험성을 판단하는데 있어서 현재나 미래가 될 것이라는 것이다. 즉, 폭력전과 사실을 열람한 결과, 상대방의 전과사실의 내용이 상습적이고, 동일 죄명 등이 많이 있는 경우에는 앞으로도 이런 범죄가 다시 발생할 그 사람의 습벽 등으로 인정할 수 있어 그 사람의 과거를 통해 현재와 미래를 예측할 수 있다는 것이다.

하지만 상대방에 대한 정확한 분석 없이 단순히 전과사실에 대한 선입견을 가진다면 오히려 이 제도는 문제가 발생할 것이다. 그러므로 그 사람의 미래에 데이트폭력범죄 가능성을 판단하기 위해서는 자료를 정밀하게 분석할 필요가

197) 이와 관련하여 영국은 2014년 '가정폭력전과공개제도(Domestic Violence Disclosure Scheme; DVDS)'을 도입하여 시행하고 있다.

198) 김한중·강동욱a, 앞의 논문, 204면.

있다.[199] 그러므로 잠재적 가해자의 전과를 공개하는 것은 정보공개대상자의 사생활을 침해할 뿐만 아니라 과거의 전과에 대한 대가를 치룬 행위자의 사회복귀 및 원만한 사회생활 막는 등의 재사회화를 방해하고, 책임원칙에 위반하여 행위자의 기본권을 과도하게 침해할 우려가 있다. 이 제도를 도입하게 된다면 최소한의 필요한 정보제공에 그쳐야 할 것이다.[200] 폭력전과공개는 가해자가 3회 이상 반복적으로 피해자에게 상습적으로 가하는 경우에 피해자가 가해자의 폭력전과 공개를 청구할 수 있는 구체적인 안이 필요할 것이다.

2. 데이트폭력범죄 피해 사건처리접수 숙려기간 신설

현장실무에서 사건을 처리하다 보면 연인간의 데이트폭력범죄의 경우 폭력을 당한 일방 연인은 사건 피해 당시 자신의 연인에게 범죄피해 사실에 흥분한 상태가 대부분이다. 피해자의 흥분상태에서 데이트폭력범죄 신고를 접하고 현장에 출동한 경찰관의 입장에서는 피해자에게 범죄의 성질이 반의사불벌죄의 경우에는 가해자에 대한 처벌의사를 물어볼 수 밖에 없고, 이에 대하여 피해자는 처벌의사를 밝히게 된다면 사건을 접수하여 처리하고 있다. 그러나 현장실무에서 본 연구자가 경험해보면, 데이트폭력범죄사건은 가해자, 피해자가 서로 긴밀한 사이인 경우 대부분이 피해자가 담당형사에게 가해자 처벌의사를 철회하는 경우가 많이 나타나고 있다. 이는 가해자, 피해자가 서로 모르는 사이가 아니라 연인이라는 긴밀한 관계라는 특성에서 발생하는 일이므로, 사건처리의 신중성과 경찰수사력이 낭비되고 있다. 그러므로 데이트폭력범죄의 사건 중에서 사건의 성질이 「형법」상 반의사불벌죄의 경우에는 나중에 쉽게 처벌의사를 철회하는 가능성이 높으므로, 일정기간 데이트폭력 피해 사건처리접수 숙려기간을 신설하여 사건처리 접수의 신중함을 기할 수 있도록 해야 한다. 다만, 이 경우에도 그 숙려기간 중 가해자의 재범 등 피해자보호가 문제가 될 수 있으므로, 경찰의 임시숙소제공, 맞춤형순찰, 스마트워치 지급 등 피해자보

199) 강용길·박재풍 외, 앞의 논문, 198-199면.

200) 주승희, 앞의 논문, 122면.

호제도를 활용하여야 할 것이다.

3. 데이트폭력범죄에 대한 통신기기의 발신 정지·취소 제도 신설

가해자가 심할 정도의 강박증 등 신경정신적인 문제가 있는 경우에는 정신질환범죄형으로 분류하여 병원에 입원·치료 등의 방안을 고려해 볼 수 있으며, (가칭) '통신기기 발신 정지·취소제도'를 도입하여야 한다. 이는 전화를 이용하여 자신의 연인에게 협박 등 데이트폭력범죄 행위를 범한 경우, 그 피해내용을 피해자가 녹취하여 신고하거나, 수사당국에서 수사하여 증거 등이 입증된 경우에 가해자의 통신기기에 대한 발신 정지·취소를 할 수 있는 제도이다. 즉, 수사기관의 직권 등으로 가해자가 자신의 전화로 발신을 하지 못하도록 일정시간 가해자의 통신기기를 정지시키거나 상습의 경우 가해자의 전화번호를 취소시켜 자신의 통신기기 사용을 하지 못하게 함으로써 압박을 가하는 것이다. 만약 가해자가 다른 번호나 아니면 지인인 타인의 통신기기를 사용하면 어떻게 되느냐? 하는 부분인데, 이 경우에는 정지기간이면 정지기간 중 재범에 해당하므로 정지기간이 늘어나고, 취소의 경우에는 통신기기 재가입이 중단 등의 불이익 처분을 생각해 볼 수 있다. 또한 지인이 가해자에게 범의를 알고 통신기기를 빌려준 경우에는 방조의 책임을 물어 같이 처벌하는 정책이 실효적일 것이다. 이는 현대사회에서 휴대폰 생활이 일상화되면서 가해자로 하여금 일상생활을 영위하는데 상당한 어려움과 불편함을 부여하는 제도라고 할 수 있다. 이러한 제도의 도입배경은 운전면허 정지·취소제도에서 아이디어를 얻은 것으로 전화를 이용하여 자신의 연인에게 협박 등 데이트폭력범죄행위를 범한 경우, 통신기기를 이용한 범죄행위를 하면, 가해자는 자신의 통신기기가 사용정지·취소됨으로써 상당한 사회생활에 부담을 느껴 범죄행위를 미연에 방지하는 효과가 클 것으로 생각된다.

4. 데이트폭력범죄 재범방지를 위한 치료적 사법제도의 적극 활용

(1) 치료감호제도 활용

최근 경찰조직에서 특히, 주취폭력 등의 반복성을 예로 들며 처벌만이 아닌 치료 부분의 정책도 병행해야 한다는 주장이 나오고 있다. 데이트폭력범죄의 문제는 관련 법제도의 정비만으로 이루어지지 않고, 재범방지를 위하여 상습 가해자에 대한 치료가 필요하다.[201] 또한, 선행연구 중에서 '갱생 및 치료모델'은 범죄자는 처벌받아야 하는 것이 아니라 치료를 받아야 하는 존재라는 입장에서 범죄자를 치료하고 교정하여 사회에 정상적으로 복귀시킴으로써 범죄자의 재범을 예방하는데 목적을 두고 있는 이론범죄 예방모델로서의 '갱생 및 치료모델'에 관한 이론 연구도 있다.[202]

먼저 치료적 사법제도의 개념과 내용 등을 설명하면, 치료적 사법제도는 계몽주의 시대 이후 근대 형사법은 이성에 근거한 판단력과 자유의지를 가진 인간을 전제로 하고 있다. 특히, 초기 고전학파의 연구자들은 어떠한 행동의 의미와 결과에 대하여 이성적인 판단을 할 수 있는 인간모델을 형사법의 기본적인 적용대상으로 전제하였고, 범죄행위는 그러한 행위주체에 의해 수행된 판단의 결과물로 인식 되었다. 합법적 행위와 불법적 행위의 갈림길에서 범죄자는 불법적 행위를 선택한 것이고 형사법은 이에 대한 책임을 묻는 것이다. 근대 형사법의 원리 중에서 처벌과 관련하여 가장 중요한 원리인 '책임원칙'은 이러한 명제에서 출발하였다. 이런 이념 하에서 범죄자에게 부과되는 형벌은 범죄자 개인의 차원에서 불법을 선택한 것에 대한 '응보'로 기능함과 동시에 다시금 맞이할 수도 있는 합법과 불법의 갈림길에서 합법을 선택하는 것이 자신에게 이익이 된다는 것을 이성적으로 강제하는 기능을 한다. 합법적 선택에 대한 이성적 강제라는 기능은 '일반예방'으로 범죄를 저지르지 않은 일반 사회 구성원에게도 동일하게 작용한다.[203] 그러나 최근 20세기 후반부터 전통적 형

201) 정지혜, 앞의 논문, 192면.

202) 김봉수, "촉법소년의 처우와 개선방안에 관한 연구", 동국대학교 박사학위논문, 2016, 34면.

사사법제도에서는 당사자주의적 접근이 인간과 사회의 복잡한 문제를 효과적으로 다루지 못하고 있으며, 재범의 원인을 근본적으로 차단하지 못하고 있다는 비판을 받고 있다. 통상의 형사사법구조는 범죄자의 처벌에만 머물러 있으며, 정신질환, 알코올 및 약물의 중독, 가정 내 폭력과 같은 범죄의 근본적인 문제를 방치하고 있기 때문에 재범의 심각한 문제에 직면하게 되었다는 반성이 제기되었다. 이러한 반성에서 오늘날 형사사법시스템은 범죄에 대응하기 위해 고안된 여러 제도들과 기능적 요소들이 점진적으로 첨가되면서 진화를 거듭하고 있다.[204] 범죄자에 대한 과학적 연구나 사회학적 연구의 기여는 자유의지에 대한 부정과 같은 범죄나 책임의 본질에 대한 것이 아니라 범죄적 선택이 이루어지는 과정이며 즉, 자유의지의 형성과정에 대한 법적 관심이 필요하다는 점을 형사사법정책의 입안자들에게 인식시켰다는 점에 있다.[205]

감정적·지능적 사법으로 대표되는 치료적 사법은 현재 미국의 사법제도의 전반을 주도하는 이념이다. 치료적 사법(TJ)은 당시 미국의 정신보건법에 대한 불만족에서 출발하여 정신건강에 초점을 맞추고, 심리학적 이론과 연구를 함으로써, 정신보건관련자에게 보다 나은 치료를 제공하고자 했다. 이와 더불어 치료적 사법이념을 이론적 기초로 하는 문제해결법원은 미래 법원의 새로운 역할모델로 주목받고 있다. 문제해결법원은 치료수단으로서의 형사사법을 제안한 치료사법을 기본이념으로 하면서 약물남용 및 정신질환 범죄인 등에 대하여 전통적인 사법처리가 효과적이지 못하다는 인식을 바탕으로, 이들에 대한 형사사법상의 감독과 치료를 병행함으로써 대상자의 재범을 방지하는 것을 목표로 하고 있다.[206] 사회현상으로서의 범죄와 범죄자의 이면에는 범죄자가 범죄로 나아가기까지 오랜 시간동안 두텁게 쌓인 분노, 그리고 범죄피해자와 범죄를 간접적으로 경험하는 일반시민이 범죄로 인해 겪는 충격적 분노가

203) 이용식, "성폭력범죄자에 대한 치료처우의 개선을 위한 법제도적 고찰", 「교정연구」 제66권 제66호, 한국교정학회, 2015, 14면.

204) 성경숙, 앞의 논문, 34면.

205) 이용식, 앞의 논문, 14면.

206) 성경숙, 앞의 논문, 34-35면.

겹겹이 깔려 있다. 그러므로 이를 치유하는 사회적 프로그램이 필요하며, 형사사법도 이러한 프로그램의 일부가 될 수 있어야 한다.[207] 치료적 사법의 구체적 내용으로는 법이론을 뜻하는 도그마(Dogma)라는 말의 본래의 의미는 가톨릭교회의 교리를 의미하고 있다. 초기의 법학은 중세시대를 지배하던 성서의 교리에서 출발하여 계몽주의 시대를 거치면서 탈성서화하여 인간공동체의 이념적 질서로 자리를 잡은 것이다. 따라서 법학은 본래 관념적이고 이념적인 것이며, 법은 그러한 이념을 구현하기 위한 선언적 실천규범이라고 할 수 있다. 그러나 사회학 및 사회과학이 발달하면서 법학과 사회과학이 공동체의 실제적 운영이라는 현장의 문제를 가운데 두고 만나게 되었으며, 이로써 법의 문제해결적 기능이 요구되는 시대를 맞이하게 되었다.[208] 치료적 사법의 기본구성은 치료지향적법이론(therapeuticjurisprudence)과 문제해결형법원(problem-solving court)이다. 이러한 기본구성에 형사사법의 각 단계에서 다양한 치료지향적 프로그램과 제도가 변용, 확장되어 하나의 치료적 사법모델 내지 치료지향적 형사정책을 이룬다. 치료적 사법(Therapeutic Jurisprudence)은 치료주체로서의 법의 역할에 관한 연구로, 지역 사회내의 개인의 감정적 웰빙과 심리적 필요 등과 관련된 전반적인 정신 건강에 관한 영향을 주는 치료수단으로서의 형사사법을 제안하였다.[209] 따라서 치료적 사법은 법과 제도가 치료적 혹은 반치료적(anti-therapeutic)인 결과를 초래하는지를 평가하고 이를 바탕으로 치료적 효과를 증가시키고 반치료적 효과를 감소시키도록 법제도를 변화시키는데 목적이 있다. '치료자'로서의 법을 모색하기 위해서는 법과 더불어 심리학, 정신의학, 행동과학, 그리고 범죄학과 같은 사회과학의 연구를 접속시킨 학제적 접근을 해야 한다.[210]

207) 김한균·조의연, "치료적 사법모델의 형사정책적 도입방안 연구", 「형사정책연구원 연구총서」 제12권, 한국형사정책연구원, 2011, 20면.

208) 이용식, 앞의 논문, 15면.

209) 성경숙, 앞의 논문, 36면.

210) David B. Wexler & Bruce J. Winick, "Therapeutic Jurisprudence as a New Approach to Mental Health Law Policy Analysis and Research", 45 U. MIAMI L. REV. 979, 981 (1991); Judging in a Therapeutic Key : Therapeutic Jurisprudence and the Courts 7 (Bruce J. Winick & David

치료적 사법은 1980년 후반 미국의 정신보건법(Mental Health Law)분야에서 행해진 웩슬러(David Wechsler)와 위닉의 연구에서 출발하였으며, 어떻게 정신보건법과 이와 관련된 행위자에게 실질적으로 치료적·반치료적인 영향을 주는지에 관한 결과를 경험적으로 검토한다. 특히, 새로운 과학과 기술의 진보를 통하여 정신질환을 지닌 범죄자의 재사회화를 가능하도록 법원(전통형사사법제도)에 수단을 제공한다.[211] 또한 청소년범죄에 있어서 치료적 사법의 도입의 의의는 치료적 사법은 범죄자에 대한 응보에 기반하여 해악의 부과와 격리에 중점을 두는 기존의 형사제재에 대한 변화를 추구한다. 기존의 형사사법이 범죄자의 범죄행위의 해악성, 그에 대한 법적 책임에 근거하여 이에 상응한 응보 및 사회 방위를 주된 목적으로 하고 있다. 그런데 치료적 사법은 여기에 범죄자의 범죄성 치료를 형사사법의 목적으로 부가하고, 경우에 따라서는 응보를 위한 해악과 격리보다는 치료가 궁극적 목적달성에 더 유리하고 의미 있다는 점을 강조한다. 이와 같이 치료적 사법은 치료를 사법절차의 목적 내지는 본질이라고 인식함으로써 사법절차를 통해 일정한 치료프로그램을 강제적으로 이수하게 하는 것에 대한 이론적 근거를 마련할 수 있다. 나아가 「형법」상의 책임능력이 없어 처벌이 불가함에 따른 형사사법 시스템에서 응보와 사회방위를 위한 조치를 취할 수 없는 위험한 범죄자에 대하여 치료적 사법은 필요한 조치를 충분히 취할 수 있는 방법론적 근거를 제공하게 된다.

이러한 치료적 사법은 형사사법의 사회적 기능을 확장하고 사회문제해결을 위한 사법의 적극적 역할을 강조하는데 이론적 보탬이 될 수 있다.[212] 이에 따라 법원은 지역사회와 협력하여 범죄의 근본적 원인에 대한 치료과정에 적극적으로 개입함으로써 범죄에 대해 보다 효과적으로 사법적 통제를 하는 역할

Wexler eds., 2003); 성경숙, 앞의 논문, 37면에서 재인용.

211) David B. Wexler & Bruce J. Winick, "Therapeutic Jurisprudence as a New Approach to Mental Health Law Policy Analysis and Research", 45 U. MIAMI L. REV. 979, 981 (1991); Judging in a Therapeutic Key : Therapeutic Jurisprudence and the Courts 7 (Bruce J. Winick & David Wexler eds., 2003); 성경숙, 앞의 논문, 37면에서 재인용.

212) 이용식, 앞의 논문, 13면.

을 하게 된다.[213] 치료적 사법은 1990년 중반 이후 회복적 사법과 함께 미국과 서유럽 다수의 국가들이 사법개혁을 이끌어갈 수 있는 모델의 하나로서 관심의 대상이 되어왔다.[214] 근대 형사정책이 범죄자의 회복, 즉 재사회화를 지향했다면 현대 형사정책의 주요한 흐름인 회복적 사법은 범죄 피해자의 피해회복과 범죄 가해자의 회복을 함께 도모한다. 치료적 사법은 범죄자의 회복과 범죄피해자의 회복을 넘어 범죄자와 범죄피해자의 치료를 지향한다.[215] 종래의 전통적인 형사정책 모델은 형사사법기관이 책임에 상응한 제재를 부과하고 집행함으로써 질서를 유지하는데 중점을 두었다. 하지만 치료적 사법모델은 법규, 법체계, 판·검사 및 변호사가 법절차의 대상이 된 사람에게 미치는 치료적 또는 반치료적 영향에 대한 성찰을 바탕으로 발생한 범죄의 결과를 치유하고 문제해결을 통해서 범죄발생을 방지하는 것에 중점을 둔다.[216] 특히, 정서적·감정적 웰빙은 치료적 사법의 주된 관심분야로 법률적 문제해결에 있어서 피고인과 변호인 및 관여자들의 감정적 차원을 고려하고, 인지·검토하는 과정에서 전문가를 포함하여, 자신의 감정을 이해하고 다루는 것이 문제해결을 증진시키는데 중요하다고 본다.[217] 한편, 법치주의 원칙에 의하여 형사처분은 명확성과 예측가능성을 핵심요소로 하는데, 치료적 처분은 이러한 요건을 충족하기는 일반적으로는 어렵다. 치료처분은 개별적 피치료자에 대한 면밀한 분석, 치료경과의 관찰과 추후 치료계획의 수립 등의 절차가 필요하므로 개별적 처분의 방법과 기간은 처분의 경과에 따라 달라지는 경우가 많다는 것이 본질적인 성격이자 특징이라고 할 수 있다. 그러나 법치주의 원칙과 책임원칙 그리고 집행자에 의한 남용의 가능성을 배제해야 한다는 실제적 요청 등을 고려한다면, 이는 기존의 형사절차에 쉽게 수용할 수 있는 특징이 아니다.[218] 치료는

213) 김연지, "소년의 형사책임능력과 치료적 처우 방안에 관한 고찰", 「비교형사법연구」 제20권 제2호, 한국비교형사법학회, 2018, 182면.

214) 김한균·조의연, 앞의 논문, 23면.

215) 김한균·조의연, 앞의 논문, 19면.

216) 황만성, 앞의 논문, 227면.

217) 성경숙, 앞의 논문, 39면.

‘필요한 정도로 적절한 방법에 의한 치료’라는 성격을 견지해야 하며, 치료가 가지는 개별적 성격을 충분히 고려하여 치료의 개입시기, 방법 등이 적절히 조절될 수 있도록 제도를 구성할 것이 요구된다. 이런 치료적 사법의 문제점도 있다. 치료적 사법의 문제점으로는 제도가 표면적으로는 ‘치료’를 지향하고 있음에도 실제로는 특정한 유형의 범죄자에 대한 장기격리의 수단으로 남용될 가능성이 있다는 것이다.[219] 또한, 형벌과 치료처분의 본질적 성격차이와 치료처분 자체가 가지는 전문성이라는 특징으로 인하여 형사절차에서 개별적인 처분에 대한 결정을 내림에는 형사사법전문가와 치료전문가 간의 주도권 문제가 발생할 우려가 다분하다. 특히, 치료처분의 종류와 양을 결정함에는 법률적 식견에 의한 규범적 판단보다는 해당 분야 전문가에 의한 진단과 전문적 식견에 근거한 판단에 상대적으로 의존할 수 밖에 없는데 형식적으로는 법전문가인 법관에 의한 결정과 선고가 내려져야 한다는 것이다. 현재의 시스템에서는 전문적 의견을 받아들이는 방식에 대한 논란이 예상된다. 특히 효과적인 집행을 위해서는 집행과정에서도 관련 전문가에 의한 개입이 요구된다는 점은 사실상 형사제재의 성격을 가진 치료처분의 부과주체가 누구인가 하는 근본적인 의문이 제기될 수 있다. 그리고 우리나라의 경우 치료적 사법의 관점에서 보았을 때 현행 치료제도가 가지는 심각한 문제 중의 하나는 성폭력범죄자에 대하여 판결의 선고시에 정해진 조치나 처분이 완전히 종료되고 난 뒤에는 더 이상 사법적 수단으로는 개입이 불가능하다는 점이다. 이를 테면 징역형이 부과된 범죄자가 형기를 만료하거나, 보호관찰이나 기타 보안처분 등이 부과된 범죄자가 부과된 기간이 만료된 경우에는 범죄자의 병리적 이상이 완치되지 않아서 여전히 재범의 위험성이 높은 상태에 있다고 하더라도 더 이상은 사법적으로 치료처분을 강제할 방법이 없는 상태이다. 성폭력범죄자에게 행해질 각종 보안처분(치료명령이나 위치추적전자장치의 부착명령 등)이 징역형의 이수나 치료감호의 종료 이후에 행해질 수 있는 경우에도 그러한 처분의 근거가 될 재범

218) 이용식, 앞의 논문, 20면.

219) 이용식, 앞의 논문, 20면.

의 위험성 판단도 최초 판결의 선고시점에서 행해져야 한다는 판례[220)]의 태도는 미래의 위험성 판단을 현재에 한다는 점에서 그 자체의 부당성도 있지만 예외적인 사후적 평가와 처분가능성을 배제해 버린다는 점에서 아쉬움이 남는다. 또한, 치료적 사법에서 뜻하는 치료는 범죄로 나아갈 수 밖에 없는 그리고 범죄와 범죄피해자로부터 벗어나지 못하게 하는 문제들의 해결이며, 현실적으로 문제해결사법과 연관을 맺게 된다. 치료지향적 법이론이 하나의 이념 혹은 철학이라고 한다면, 문제해결법정은 그 철학을 실천하고 적용하는 현실의 장이다.[221)] 이런 치료적 사법은 목적이 있다. 그 목적은 범죄자를 범죄-형벌의 악순환에서 빠지게 하는 반치료적 형법은 형사사법의 실패를 낳는다는 인식을 바탕으로 법의 치료적-반치료적 요소에 대하여 과학적으로 규정하고, 법치국가적 가치와 형사소송의 가치를 훼손하지 않는 범위내에서 법의 치료적 기능을 향상시키고자 하는 것이 치료적 사법의 목표라고 할 수 있다.[222)]

이러한 사고를 바탕으로 탄생한 것이 현대의 치료감호제도라고 할 수 있다. 데이트폭력범죄의 경우에도 상습, 반복적으로 폭력이 이루어지는 경우 그리고 분명히 가해자의 정신이상 등의 의심이 있을 경우 처벌만의 사고를 가지고 경찰과 사법당국에서 접근하는 것은 문제해결에 분명한 한계가 있을 것이다. 그러므로 심신장애 상태, 알코올, 약물중독 등에서 범죄행위를 한 자에 대하여 재범방지와 사회복귀를 촉진하기 위하여 치료가 필요한 범죄자들은 '치료감호

220) 이용식, 앞의 논문, 24면 참조; 대법원 2012.05.10. 선고 2012도2289 판결 "특정 범죄자에 대한 위치추적 전자장치 부착 등에 관한 법률 제5조 제3항에 규정된 '살인범죄를 다시 범할 위험성'이란 재범할 가능성만으로는 부족하고 피부착명령청구자가 장래에 다시 살인범죄를 범하여 법적 평온을 깨뜨릴 상당한 개연성이 있음을 의미한다. 살인범죄의 재범의 위험성 유무는 피부착명령청구자의 직업과 환경, 당해 범행 이전의 행적, 범행의 동기, 수단, 범행 후의 정황, 개전의 정 등 여러 사정을 종합적으로 평가하여 객관적으로 판단하여야 하고, 이러한 판단은 장래에 대한 가정적 판단이므로 판결시를 기준으로 하여야 한다." 대법원 2014.12.11. 선고 2014도6930 판결; "치료감호와 치료명령이 함께 청구된 경우에는, 치료감호를 통한 치료에도 불구하고 치료명령의 집행시점에도 여전히 약물치료가 필요할 만큼 피청구자에게 성폭력범죄를 다시 범할 위험성이 있고 피청구자의 동의를 대체할 수 있을 정도의 상당한 필요성이 인정되는 경우에 한하여 치료감호와 함께 치료명령을 선고할 수 있다고 보아야 한다(치료감호 종료후 예상되는 재범의 위험성을 치료감호 선고 시점에 판단해야 한다는 판결).

221) 황만성, 앞의 논문, 228면.

222) 황만성, 앞의 논문, 228면.

제도'를 적극 활용하여 재범의 위험을 적극 차단하고 데이트폭력범죄의 재범을 예방할 필요가 있다.

〈표 5-1〉 치료감호소 수용자 현황 (단위 : 명)

구분	2014년	2015년	2016년	2017년	2018년	2019년
심신장애자	963	1,000	970	954	916	881
약물	84	66	52	49	51	46
성적장애	91	92	96	98	84	64
합계	1,138	1,158	1,118	1,101	1,051	991

※ 출처 : 정보공개 청구로 수집된 '법무부 범죄예방정책국 치료감호 수용 현황'을 ※ 출처 : 재구성함.

(2) 데이트폭력범죄 문제해결법원의 도입

데이트폭력범죄에 재범방지를 위하여 치료적 사법을 바탕으로 치료가 필요한 가해자를 대상으로 문제해결법원 도입이 필요하다. 정신장애, 알코올 중독, 상습범 등의 경우에는 뇌와 생물학적 특징에 관한 선행연구를 주목할 필요가 있기 때문에 상습 데이트폭력 사범의 처리나 데이트폭력범죄의 재범방지를 위해서라도 데이트폭력 문제해결법원의 도입이 필요하다고 하겠다. 이를 근거할 수 있는 내용으로 Adrian Raine의 "폭력의 해부", 케빈 데이비스의 저서 "법정에 선 뇌", 나카노 노부토의 "사이코패스 –정상의 가면을 쓴 사람들" 저서 내용을 정리해서 살펴보면 다음과 같다.

〈표 5-2〉 Adrian Raine의 "폭력의 해부" 내용

"상당한 증거들을 통해 전두엽[223]의 상처 특히 아래쪽에 상처를 입은 사람들이 자신을 억제하지 못하고 충동적이고 반사회적인 행동을 하고 있음을 알 수 있었다. "그렇다면 훨씬 유연성이 있는 아이들의 성장하는 뇌는 어떨까? 머리를 다친 아이들을 추적한 행동변화연구는 이런 아이들이 행동장애와 행동을 외부로 표현하는데 있어 일반적으로 문제가 있음을 밝혀냈다. 다른 아이들은 분노나 우울의 문제를 내재화하는데 반해 머리를 다친 아이들은 충동적이고 자기 통제를 못한다는 것을 확인할 수 있었다"[224]

223) 머리 안 대뇌반구의 앞에 있는 부분으로, 마루엽의 앞쪽, 관자엽의 앞쪽 위부분에 위치한다.

224) Adrian Raine(이윤호역), 앞의 책, 227-230면.

"남성이 여성보다 범죄를 많이 일으키는 이유는 과연 근본적으로 남성과 여성의 뇌가 다르기 때문일까? 우리는 남성과 여성의 전전두엽피질의 부피를 비교했다. 남성은 여성에 비해 안와전두엽 회백질의 양이 12.6 퍼센트 적었다. 그곳은 전전두엽피질의 아랫부분이었다. 복측회백질이 감소한 남성은 일반수준의 복측회백질을 가진 남성에 비해 더욱 반사회적이었다"(237-238면).
"영국 요크대학교 박사과정 중 나는 내 첫 번째 연구에서 낮은 심장 박동수가 반사회적 학생의 특징이라는 것을 발견했다. 내가 노팅엄대학교로 옮겨서 연구를 했을 때도 결과는 같았다. 내가 서던캘리포니아대학교로 옮겼을 때, 우리는 반사회성과 심장박동수의 관계를 분석했다. 우리는 전체 5,868명의 아동을 연구한 40개의 논문을 찾아냈다. 명백했던 특징중 하나는 반사회적 아동들은 실제로 안정시 심장박동수가 낮았다는 것이다"(169면).
"배우자 학대를 하는 사람들을 조사한 결과 그들의 특징은 부정적 정서단어들에 정서적 기능을 담당하는 편도체 활성화가 훨씬 높았고, 행동을 통제하는 전전두엽피질은 덜 활성화 되었다. 그리고 시각적으로 위협적인 자극의 그림을 보았을때, 배우자 학대자들 뇌는 후두엽-측두엽-두정엽 영역들이 과하게 반응했다. 이 영역은 특히 물체의 인식과 공간적 인지에 민감하다. 이것은 배우자 학대자들이 자극에 노출되었을 때 더욱 수준 높은 시각적 각성을 경험한다는 것을 보여준다. 배우자 학대자들에게는 신경생물학적 성향이 있다는 것을 보여준다"(140-141면).
"졸리 제인 토편은 1895년부터 1901년까지 6년동안 매사추세츠 주에서 적어도 31명을 살해했다. 높은 사이코패스 점수를 받은 사람은 감정적이고 개인적인 도덕적 의사결정과정에서 기억과 감정, 후각을 담당하는 뇌의 편도체 활동이 감소되었음을 발견했다. 감정을 담당하는 신경계인 편도체는 도덕적 딜레마에 빠진 평범한 사람들의 경우 반짝 거리고 있음을 보여주지만 상당히 높은 수준의 사이코패스에서는 거의 찾아볼 수가 없다"(157면).

〈표 5-3〉 케빈 데이비스의 저서 "법정에 선 뇌"의 내용

케빈 데이비스의 저서 "법정에 선 뇌" 의 내용을 보면, "와인스타인은 재혼한 부인인 바버라를 목 졸라 죽였다. 이 사건을 맡은 변호사는 뭔가 의심이 들어 살인자의 뇌를 MRI촬영했다. 그리고 뇌의 기능을 촬영하는 PET를 실행했다. 그리고 결과를 확인한 바, 뇌의 전전두엽피질에 큰 빈 공간이 발견되었다. 또한 지주막 포낭이 왼쪽 전두엽에 있었다" 이에 변호사는 정신이상을 주장했다. 이후 재판전심리협상에서 검사와 변호인단은 과실치사 혐의에 동의했다. 이는 뇌영상 자료가 범죄의 형량을 낮추기 위해 재판전 심리에서 재판에 사용된 최초의 사건이다.[225)]
"편도체에서 조금 더 뒤를 살펴보면 기억부터 공간능력까지 여러기능을 담당하는

225) 케빈 데이비스(이로운 역), 앞의 책, 14-34면.

중요한 영역인 해마를 볼 수 있다. 여기서도 사이코패스들의 구조적 이상을 발견할 수 있는데, 한 사이코패스 집단에서 우측 해마가 좌측 해마보다 훨씬 크다는 점을 발견했다. 이 구조적 비대칭은 일반인에게서도 발견되지만 사이코패스의 경우 훨씬 심각하다" 해마는 두려움 조건화와 다른 형태의 학습에 관여하며 이는 우리행동의 수호적인 양심의 형성에 부분적으로 기여한다. 범죄자들은 이런 영역에서 명백히 결함을 가지고 있다. 동물실험에 따르면 해마는 중뇌 수도 주변 회백질과 뇌궁 주위 외측시상하부와의 연결을 통해 폭력을 규제한다. 이 뇌 깊숙이 있는 영역들은 방어적, 대응적 폭력과 약탈적 공격을 규제하는데 매우 중요하다. 태어날때부터 해마가 손상된 쥐들은 성인기에 증가한 폭력적 행동을 보였다"(254-255면).

"어떤 아이들이 후에 폭력범죄로 체포되었는지를 덴마크의 법원에서 조사를 하였는데, 그 결과는 생후 1개월안에 출산합병증과 모성거부 둘 모두를 겪은 집단이 폭력률이 가장 높은 것으로 조사되었다"(286면).

"생후 첫 1년 중 최소 4개월 동안 어머니와 유아 간의 유대 과정의 단절이나 붕괴는 유아의 사회적-대인관계 발달을 멈추게 한다. 그러한 냉각은 성인이 된 뒤에 냉혹하고 감정이 결여된 사이코패스를 유발한다"(293면).

"임신기간 중 어머니의 알코올 섭취는 태아의 뇌에 손상을 가하는 주목할 만한 요소이고, 이러한 뇌 장애는 자녀에게 폭력적인 성향을 갖게 한다. 태아기 알코올증후군은 안면기형, 발육지연, 학습장애나 낮은 IQ에 의한 중추신경계 장애의 원인이 된다"(309면).

〈표 5-4〉 나카노 노부토의 "사이코패스 -정상의 가면을 쓴 사람들"의 내용

"사이코패스 -정상의 가면을 쓴 사람들"-의 저자 나카노 노부토 박사는 자신의 저서에서 다음과 같은 내용들을 소개하고 있다.

"요즘은 뇌의 움직임을 연구하기 위하여 'fMRI(핵자기공명기능화상법)'을 이용하여 혈류의 동태를 특정하는데, 측정결과 일반인과 비교하여 사이코패스는 뇌의 '편도체' 부분의 활동이 낮다는 것이 밝혀졌다. 편도체는 대뇌변연계의 일부로 대뇌변연계는 쾌감·기쁨·불안·공포 등 감정을 지배하는 영역으로 '감정뇌'로 불린다. 이 말은 공포나 불안 등 동물이 가지고 있는 기본적인 감정의 움직임이 약하다는 뜻이다"[226)]

"또 다른 내용으로 반사회적인 인물을 A(범죄에 관련된 적은 있지만 체포경력이 없는)와 B(체포경력이 있는) 그룹으로 나눈 다음 fMRI를 찍어 비교해보니, B그룹 피험자들의 해마에 이상이 발견되었다. 해마가 좌우 비대칭인 사람이 많았던 것이다. 해마나 전두전야에 이상이 있으면 감정을 컨트롤 할 수 없게 되고, 조건 없는 공포에 대한 반응이 둔감해진다고 알려져 있다"(80-81면).

226) 나카노 노부코, 「사이코패스 : 정상의 가면을 쓴 사람들」, 호메로스, 2019, 67-69면.

선행연구에서도 데이트폭력범죄 중 특히, 충동성 요인은 가해자에 대하여 교육과 치료를 활성화해야 하고, 현재 가정폭력 및 성폭력에 집중된 상담·치료 기능을 데이트폭력 가해자와 피해자에게 확대할 수 있도록 관련 프로그램 개발 및 보급이 이루어져야 한다는 연구결과가 있다.[227)]

치료적 사법이 추구하는 목적, 취지의 실현과 치료적 형사사법모델의 실현은 문제해결형 법원을 통해 이루어지고 있다. 마약중독, 가정폭력, 성폭력, 소년범죄 등에 대하여 총체적 방식으로 문제를 풀기 위해 만든 사법체계가 문제해결형 법원이다. 문제해결형 법원은 미국, 영국 등에서 정신보건법원(mental health court), 가정폭력법원(domestic violence court)등으로 역할을 넓혀가고 있다. 또한, 법관에게 단순 법률가가 아니라 치료자로서의 역할을 인식하게 하고, 치료지향적 법이론의 핵심과제 중의 한 요소이다. 이는 법관으로 하여금 치료자로서의 역할을 하기 위하여 법원의 기능과 조직을 변경할 것을 제시하기도 한다. 이런 점에서 법이론은 중요한 기능을 하고 있다.[228)] 치료지향적 법이론은 전문법원화(specialization of court)와 관련이 있다. 행위자들의 정신적 문제를 해결하는데 있어서는 일반법원은 한계가 있다. 법관이 문제해결을 위해 도와주는 역할을 하려면 특별한 지식과 태도가 중요하고, 사회복지 부분과의 협력도 필요하다. 또한, 해당 사안들의 경우에는 법관이 단일 범죄자를 지속적으로 다툼으로써 치료와 재사회화를 도모할 필요성도 있다.[229)]

치료적 사법의 이념을 이루기 위해서는 문제해결법원은 다음과 같은 특징을 가지고 있다. 즉 ① 문제해결 지향적이고(problem soving focus) ② 결정에 이르는 과정에서 조직적인 접근 방법을 사용한다(team approach to decision making). ③ 외부기관과의 긴밀한 관계가 중요하다(integration of social services). ④ 피고인의 치료 부분을 사법적으로 통제(judicial supervision of

227) 홍태경, 앞의 논문, 512-513면; 박현정, 앞의 논문, 517면.

228) 황만성, 앞의 논문, 230면.

229) D.B Rottman, Does Effective Therapeutic Jurisprudence Requre Specialized Courts, Court Review, Spring 2000, p.22(황만성, 앞의 논문, 231에서 재인용).

the treatment process) ⑤ 법관과 피고인 상호간의 상호작용을 중시한다(direct interaction between and the judge). ⑥ 법원이 지역사회의 도움에 적극적이다(community outreach). ⑦ 판사의 법원 내외에서 주도적인 역할(proactive role for the judge inside and outside of courtroom)을 하는 것이 그 특징이다. 또한, 문제해결형 법원은 문제의 해결과 치료과정에 대해 신경과 관심을 가지고 있다. 법관과 공무원들은 치료적 사법관련 문제가 제기될 수 있는 많은 사안을 다루게 됨으로써 체계적인 대응개발이 쉬워진다. 그리고 이로써 사안에 대해 더욱 관심을 기울이게 된다.[230] 특히 우리나라의 경우에도 법무부를 중심으로 의료소년원 건립을 추진하고 있다.[231] 데이트폭력범죄의 해결하기 위한 전문적인 문제해결법원의 도입을 할 경우에는 데이트폭력범죄의 폭력문제, 그 중에서도 연인관계에서의 폭력의 경우, 유아, 아동기, 청소년시절부터 형성된 외상이 성인기에서 대인관계의 악영향을 미치므로 소년시절부터 전문화된 사법서비스가 필요하다. 특히, 소년 시절은 인격이 만들어지는 과정이므로 외상 치료가 더 성공적이기 때문에 매우 중요하다. 데이트폭력범죄가 계속 지속된다면, 당사자들이 결혼을 하는 경우, 그 폭력의 상습성으로 인해 가정폭력으로 확대될 수도 있기 때문이다. 그리고 가정폭력의 경험은 학교폭력 경험을 거쳐 데이트폭력범죄로 연결되기도 한다.[232] 아동기에 학대 경험이 높은 사람은 상대방의 잘못된 행동을 처벌하거나, 상대방의 행동을 자신이 원하는 방향으로 이끌기 위해 사람들에게 폭력을 행사해도 된다는 신념을 가지게 된다. 이런 경우의 일이 발생하게 되면, 잘못된 내재화의 믿음으로 인해 실제 타인에게 폭력을 가하기도 한다. 특히 유년시절에 신체적 학대를 당한 경우 성인이 되어서도 대인관계를 발달시키는 능력이 낮아지게 되어 사람을 신뢰하지 못하게 된다.[233] 또한 아동을 학대하는 부모들 중에 30 – 60%정도는

230) 황만성, 앞의 논문, 231-232면.

231) 류병관b, "미국소년사법에 있어 소년정신건강법원(JMHC)에 관한 연구", 「소년보호연구」 제27권, 한국소년정책학회, 2014, 50면.

232) 박선숙, "학교폭력 경험이 대학생의 데이트폭력에 미치는 영향에서 사회적 유능성의 조절효과", 「교정복지연구」 제45권 제45호, 한국교정복지학회, 2016, 43면.

자신들이 어릴 때 부모로부터 학대 받은 경험이 있다.[234)]

즉, 폭력의 대물림은 세대간 전이를 의미하고 있다. 따라서 가장 보편적으로 알려지고 사용되는 용어는 “폭력의 순환”이지만, “폭력의 세대간 전이”가 더 정확할 것이다. 이 이론에서는 폭력의 행위는 가족 내에서 학습되며, 한 세대에서 다음 세대로 전해지는 것이며, 아동기의 피학대경험이 성인기의 폭력성향을 갖게 한다는 것이다. 아동기의 피학대 경험은 다양한 형태의 폭력성으로 연결되기도 한다. 아동기에 학대적인 부모에게서 자란 남성은 이성친구에게 폭력적인 경향을 보이며, 성적강제와 동거 파트너를 폭행하는 경향이 있다고 한다.[235)] 데이트폭력범죄를 감소시키기 위해서는 장·단기적인 복합적 해결방안 필요하다. 단기적으로는 교육을 실시하는 방법이 있으나, 중장기적으로 아동 및 청소년들에 대한 학대를 면밀히 감시하고 더 적극적으로 개입해야 한다는 주장도 있다.[236)] 또한, 부부싸움을 자주 목격한 아동은 폭력행동을 사용해도 괜찮다는 행동방식으로 받아들이고 모방하게 된다. 그러므로 부모간의 폭력을 목격한 경험이 많은 사람은 성장하여 문제가 발생하였을 때 폭력행동으로 해결하려고 한다. 또한, 폭력을 사용해서 인간관계에서 발생한 문제를 해결한 경험은 나중에 데이트 관계에서도 갈등이 발생했을 때 폭력으로 해결할 가능성이 높다는 연구결과가 있다.[237)]

이러한 이유 등으로 데이트폭력범죄 해결을 위한 전문적인 문제해결법원의 도입을 하게 된다면, 소년범 단계에서부터 전문화된 문제해결법원이 시작되어야 한다. 또한, 심리적 폭력 피해를 예측할 수 있는 요인을 발견하고, 이를 통

233) 박현민·이병도 외, 앞의 논문, 79면.

234) 문영희, 앞의 논문, 11면.

235) Simons, L.G., Burt, and R.L. Simons, 2008, "A Test of Explanations for the Effect of Harish Parenting on the Perpetration of Dating Violence and Coercion among Males", *Violence and Victims* 23: 66-82(노성호·권창국·김연수·박종승, 「피해자학」, 도서출판 그린, 2018, 261면에서 재인용).

236) 박현민·이병도 외, 앞의 논문, 97면.

237) 김예정·김득성, “대학생들의 데이팅폭력에 영향을 미치는 변인들”, 「International Journal of Human Ecology」 제140권 제10호, 대한가정학회, 1999, 5면.

해 초기 폭력 상황에 적절한 개입을 하여 도움으로써 보다 실제적인 데이트폭력범죄 예방이 가능할 것으로 예상된다.[238)]

가. 우리나라의 경우

현재 「소년법」 제32조 제1항 제7호에서는 병원, 요양소 또는 소년의료보호시설(7호처분)에 위탁할 수 있도록 규정하고 있다. 하지만 정신적인 문제 등이 있는 비행소년을 병원 또는 요양소에 위탁하는 경우는 전무한 실정이며, 유일하게 소년의료보호시설로 지정된 대전소년원에 위탁하는 처분만이 실시되고 있다.[239)] 그리고 2016년 국가인권위원회에서는 정신장애 등을 앓는 보호소년들을 전문적으로 치료 및 치유할 의료소년원을 새로 만들어야 한다는 의견을 법무부에 표명하였으나,[240)] 아직까지 우리나라는 소년만을 전담하는 의료소년원은 없는 실정이다.[241)] 하지만 정신적으로 문제가 있는 소년들에 의한 비행이

238) 손일영·김해란, 앞의 논문, 118면.

239) 강경래, "일본 의료소년원의 현황과 평가", 「소년보호연구」 제27권 제27호, 한국소년정책학회, 2014, 76면.

240) 이데일리, "인권위 "정신장애 보호소년 치료할 '의료소년원' 신설해야", : http://www.edaily.co.kr/news/(검색일 : 2020.3.23.).

241) 언론보도 내용을 인용해 보면, "소년원 입원생 4명 중 1명 정신질환… 전담인력 시급" 이라는 내용을 보면 어린시절부터의 정신건강 관리는 중요하다는 생각이 든다. 당연히 이들을 전문성으로 커어 할 수 있는 인력이 상당수 필요하나, 지금의 현실은 그렇지 않아 대책 마련이 시급하다는 지적이다. 26일 법무부에 따르면 지난 5년간 소년원 입원자 중 정신질환자 비율이 2013년 13.7%에서 지난해 27.3%로 2배 이상 증가했다. 여기에 소년원 출원 후 재범 등으로 다시 입원한 '부적응·고위험군' 소년원생을 특별관리할 수 있는 시설과 인력이 상시 부족해 교정·교화에 많은 어려움을 겪고 있는 현실이다. 현재 법무부 범죄예방정책국은 전국에 10개 소년원을 운영하고 있다. 소년원 증설이 제때 이뤄지지 않다 보니 이명박정부 시절인 2011년부터 1일평균 수용인원이 정원보다 늘 초과 상태다. 최근 3년간 소년원 1일평균 수용률은 2015년 123.9%, 2016년 122.4%, 2017년 129%로 수용인원이 20% 이상 포화 상태다. 사정이 이렇다 보니 소년원 직원 1인당 수용관리 업무 부담은 갈수록 커지는 추세다. 최근 2년간 소년원 직원 1인당 월평균 초과근무 시간이 83.5시간에 달했다. 심지어 30시간 연속으로 근무를 한 경우도 있었다. 자연히 정신질환을 앓는 청소년에게 적절한 처우를 해줄 여건이 못된다. 그나마 2009년부터 제주소년원에 개설해 운영 중인 '집중처우 교육과정'이 효과를 좀 보고 있다. 인성교육, 분노조절, 인지행동치료 등 심신증진 프로그램으로 10주간 제주소년원에서 실시한다. 또 소년원 내에서 진료한 경과를 바탕으로 적극적인 외부진료를 실시하고 있다. 소년원에서 받은 의료처우 내용을 보호자에게 매월 1회 문자메시지로 알려준다. 보다 다양한 의료서비스를 제공하기 위해 지역사회 전문의를 자원봉사자로 위촉하는 등 소년원생의 건강관리를 위해서도 노력하는 중이다. 특히 2018년 들어 소년원생 외부진료는 지난해 같은 기간과 비교해 22.6% 증가했다. 법무부 관계자는 "앞으로 지도가 어려운 '부적응·고위험군' 소년들에 대해서는 기존 교과교육 및 직업훈련과 차별화된 별도 인성교육 중심의 프로그램을 개발·운영함으로써 체계적으로 집중 관리하겠다"고 말했다" 세계일보, "소년원 입원생4명중 1명 정신질환"..."전담인력 시급" : http://www.segye.com/newsView/20181026001785?OutUrl=naver(검색일 : 2020.4.12).

증가하는 소년비행의 추세 등을 고려한다면 소년의료보호시설에의 위탁처분의 활용도와 그 중요성은 더욱 높아질 것으로 예측된다.[242] 또한, 육체적·정신적으로 미성숙한 소년의 경우에는 의료처우의 필요성이 더욱 강조되어야 한다는 점에서 더욱 심각한 문제로 대두되고 있다.[243]

나. 미국의 경우

미국은 소년사법에서 의료적 처우의 등장 배경은 구금시설에서 정신질환을 겪는 재소자의 문제는 소년사법에서도 나타나고 있다. 특히, 소년범의 50 – 75%가 정신질환을 겪고 있다.[244] 이러한 문제를 해결하기 위하여 1980년대부터 각 주에서 청소년을 대상으로 하는 약물치료법원(Drug Treatment Court: 이하 DTC)및 정신건강 법원(Mental Health Court: 이하 MHC)을 설립하여, 이를 소년사법 체계에 도입하기 시작하였다.[245] 이 프로그램의 이름은 DTC 프로그램 이라 한다.[246] 소년사법 시스템은 3가지의 특징으로 발전해 왔다. 첫째, 보통법시대에는 소년범죄자만이 가지는 특수한 시스템을 만들지 못하였지만, 점차 성인에 비해 소년은 책임성이 적은 방면에 변화가능성, 즉 재사회화의 가능성이 크다는 점을 인식하게 되어 변화가 시작 되었다. 둘째, 변화는 미연방대법원이 소년법정에도 성인법정과 동일하게 적법절차와 형식적 보호절차 등을 확대하여 적용하면서 나타나기 시작하였다. 1960년대 후반부터 인종차별 문제를 배경으로 한 양형의 불균형 및 부정기형 등의 형사사법행정의 재량성

242) 강경래, 앞의 논문, 76면.

243) 류병관b, 앞의 논문, 50면.

244) Patrick Geary, "Juvenile Mental Health Courts and Therapeutic Jurisprudence: Fating the Challenges Posed by Youth with Mental Disabilities in the Juvenile Justice System", 5 Yale J. Health Pol'y, L. & Ethics 671, 2005. p.678; 류병관b, 앞의 논문, 54면에서 재인용.

245) Joel Frost-Tift, "Juveniles in Jeopardy: Reclaiming the Justice System's Rehabilitative Ideals", 23 S. Cal. Rev. L. & Soc. Just. 457, 2014. P.461; 류병관b, 앞의 논문, 55면에서 재인용.

246) 이 과정은 독소정화, 안정화, 사후관리 등으로 운영된다. 주정부는 DTC가 소년사법분야에서 더 효과적일 수 있다는 점을 인식하기 시작했다. 소년들의 재범률 방지에 더 성공적으로 적용할 수 있을 것이라고 판단하였다. 이러한 논의 결과 소년에 대한 치료과정에 지역사회도 포함시키는 것을 강조한다(류병관b, 앞의 논문, 56면에서 재인용).

에 대해 공정성이라는 관점에서부터 강한 비판이 시작 되었다. 셋째, 변화는 1980년대 후반 소년범죄율이 일시적으로 높게 나타나면서, 대중 매체들은 비행소년들은 매우 폭력적이며, 도덕적으로 부패하였고, 형사법상 범죄에 연루되어 있다고 강조하게 되었다. 이러한 영향은 비행소년에 대한 비난여론을 형성하게 되었다. 이러한 사회분위기는 결국 소년사법의 이념인 보호주의에 대한 회의를 낳게 되고, 소년사법의 이념에 대한 큰 변화를 이끌게 되었다. 즉, 소년을 보호로부터 형벌에, 사회복귀로부터 응보에, 미숙한 책임이 없는 아동으로부터 소년의 책임에, 비행 소년의 사회배경 및 요청에 대응하는 개별화된 사법으로부터 범죄행위를 기초로 한 제재에, 소년사법의 지도이념은 급속히 변용되어 갔다. 그러나 2012년 미연방대법원은 Miller v. Alabama사건[247]을 통해 청소년의 미성숙함, 부정적 영향으로부터의 취약성, 변화를 수용하는 능력의 미비라는 3가지의 근본적인 특징이 성인과 청소년 사이에 헌법상 차이가 있다는 점을 인정하고, 성인과 소년에게는 중한 형벌(사형 또는 종신형)의 선고를 제한해야 한다고 판결함으로써 소년사법이 치료적 개념을 근거로 충실하게 운영되어야 한다는 점을 보여주고 있다.[248]

다. 일본의 경우

예전부터 정신문제를 가지고 있는 소년에 의한 강력범죄가 발생되어 왔으며, 비행소년에 대한 의료적 처우의 중요성이 강조되어 왔다. 즉, 1997년에 발생한 고베연속아동살상사건(神戸連続児童殺傷事件)[249]의 발생과 2000년의 토

247) 가석방 가능성이 없는 종신형을 의무적으로 선고하는 것은 소년범에게 위헌이라고 판결했다.

248) 류병관b, 앞의 논문, 52-53면.

249) 고베연속아동살상사건은 1997년에 고베(神戸)에서 발생한 당시 14세의 중학생에 의한 연속살상사건이다. 이 사건으로 2명이 사망하고 3명이 중경상을 입었다. 본 사건은 수개월간 복수의 초등학생이 살상된 사건이다. '묻지마 범죄'이며 사체의 훼손이 있었다는 점, 특히 피해자의 두부가 편지와 함께 중학교 정문 앞에 두어진 점, 지방신문사에 「도전장」이 우송된 점 등, 심각한 폭력성이 동반된 특이한 사건이었다. 또한, 범인이 「보통의 일반적인 중학생」이었다는 점에서 일본사회를 충격에 빠뜨렸다. 당시 경찰조사에 따르면 소년이 종전부터 동물학대행위를 하였다는 정보 및 피해자인 남자아동을 알고 있었다는 점에서 비교적 빨리 혐의를 갖고 있었으나 대상이 중학생이었기 때문에 매우 신중한 조사가 이루어졌다. 사건은 1997년 5월 27일에 고베시의 중학교 정문에 절단된 남자아동의 두부가 방치되어 있는 것이 발견되어 경찰에 통보하게 되었다. 절단된 남자아동의 두부는 귀까지 잘려진 입에는 「범행성명문」이

요가와시 주부살인사건(豊川市主婦殺人事件),[250] 2014년 7월에는 나가사키의 사세보에서 동급생을 살해한 사세보여자고등학생살해사건(佐世保女子高生殺害事件)[251]등 정신적으로 문제가 있는 소년에 의한 강력사건이 발생하였다. 이에 따라 소년에 대한 의료적 처우와 교육의 중요성이 강조되어 왔으며, 문제유형에 따른 구체적 교육프로그램을 실시되었고,[252] 소년법이 2014년에 개정되었다. 개정 내용 중 큰 특징으로는 소년원 종류를 다시 검토 하였으며, 구체적으로는 초등소년원과 중등소년원의 구분을 없애고, 제1종으로 구분하였다. 그리고 특별소년원을 제2종, 의료소년원을 제3종으로 하였다. 그리고 소년원에서 형의 집행을 받고 있는자를 수용하는 소년원의 종류를 제4종으로 하였다.[253] 의료소년원은 심신 등의 장애가 없는 소년과의 혼합수용에 따른 폐해를 막기 위해서 만들어 졌으며, 수용 사유는 심신에 현저한 장애가 있는 12세 이상 25세 미만의 자를 수용하여 장기처우를 실시하고 있다. 의료소년원은 전국에 4개소가 있다. 첫째, 東일본은 칸토우(関東)의료소년원이 있다. 둘째, 카나가와(神奈川)의료소년원이 있으며, 셋째로, 西일본은 미야가와(宮川)의료소년원이 있으며, 넷째, 교토(京都)의료소년원이 있다. 그 외 나카츠(中津)소년학

물려있는 등 매우 잔혹한 형태를 나타낸 사건이다(강경래, 앞의 논문, 76면 참조).

250) 토요가와시부인살인사건(豊川市主婦殺人事件)은 2000년 5월 1일 아이치현(愛知 県) 토요가와시에서 발생한 17세 소년에 의한 살인사건이다. 본 사건은 토요가와시 주택에서 부인이 피를 흘리고 쓰러져 있는 것을 귀가한 남편이 발견한 사건이다. 피해자는 폭행을 당한 상태에서 칼로 목 등을 찔려 사망하였다. 그 직전에 가해소년이 집으로부터 뛰어 나오는 것을 남편이 목격하고 격투하였으나 목 등을 찔려 부상을 입기도 하였다. 범인은 사건 근처의 고등학교에 다니는 17세의 소년으로, 학교에서는 매우 밝고 활발하며, 성적이 우수하며 평판이 좋은 학생이었다. 중학교 교사인 아버지와 조부 및 조모의 4명의 가족으로 조부도 이전의 교사였다. 가해소년은 평소부터 사람의 신체에 흥미가 있었으며, 살인에 흥미를 갖고 있었다고 전해진다. 소년은 살인동기에 대해서 「사람을 죽여보고 싶었다」고 진술하는 등 전반적으로 정신적인 문제를 갖고 있다고 전해진다 (강경래, 앞의 논문, 77면 참조).

251) 사세보여자고등학생살해사건은 2014년 7월 26일에 나가사키 사세보시에서 발생한 살인사건이다. 피해자는 여자고등학생으로, 사체가 발견된 맨션에 사는 동급생의 여자소년에 의해 살해되었다. 가해여자소년은 피해자를 자신의 집에서 후두부를 둔기로 가격하고 줄로 목을 졸라 살해하였으며, 이후에 사체는 목과 왼쪽 손목을 절단한 사건이다. 가해여자소년은 「신체 속을 보고 싶었다」 「사람 을 죽여서 해체하고 싶었다」라고 진술하였으나, 피해소녀와는 문제가 없었다고 전해진다. 현재 나가사키지방검찰청은 정신감정을 검토하여 8월에는 정신감정을 위한 유치조치가 이루어졌다(강경래, 앞의 논문, 77면 참조).

252) 강경래, 앞의 논문, 76-77면.

253) 강경래, 앞의 논문, 87면.

원 등 총 5개의 시설이 있다.[254)]

라. 외국의 문제해결법원의 시사점

일본에서는 2017년 국가적 차원에서 범죄자의 재범을 줄이기 위해 형벌보다는 지원을 통한 대처를 연구하는 '치료적 사법 연구센터'를 설립하는 등 노력을 하고 있다.[255)] 미국과 일본에서의 치료적 사법 이념의 구현은 현재 우리나라 형사사법 내에서도 형벌보다는 치료가 필요한 피고인이 적지 않다는 점에서 치료적 사법의 활용 및 도입의 가능성을 시사하고 있다. 미국, 일본 등이 문제해결법원을 따로 만들어 맞춤형으로 대상자를 치료 및 교육을 하고 있다. 그러므로 우리나라도 치료가 필요한 피고인과 재범방지를 위해 문제해결법원의 도입이 필요하고, 폭력문제는 성인으로 성장한 후에는 쉽게 교정이 되지 않으므로, 데이트폭력을 포함한 치료의 필요성이 있는 경우에는 소년 단계부터 철저한 치료와 관심이 필요하다. 소년의 경우 성인에 비해 교육에 대한 습득력이 빠르고, 치료의 가능성이 높기 때문에 재범방지에 효과적일 것이다.[256)] 우리나라의 의료소년원은 대전 의료소년원 밖에 없으며, 전문 인력의 부족과 이곳에서 이루어지는 교육이 다른 소년원과의 별다른 차이가 없이 운영되고 있다. 그러므로 소년에 대한 치료적 처우를 전문적으로 담당하는 기관으로 재설립 되어야 한다. 소년 시기에 범죄를 저지르는 것은 올바르게 형성되지 못한 인격 내지는 정신적 문제로 인하여 넓은 의미에서의 치료가 필요한 질병이라고 간주할 수 있고, 소년범죄자를 위한 의료소년원은 치료적 사법의 대표적 공간이 될 수 있을 것이다. 치유나 치료 목적의 의료소년원은 문제해결법원과 협력하여 소년의 재판과정 중이거나 판결 후에도 법관의 지속적인 관찰이 이루어져야 한다. 또한, 의료소년원 내에서 개인별 처우와 치료프로그램은 내적치유에서부터 기본적인 생활습관 및 개개인의 소년범죄자에 대한 범죄원인을 치료하는 것으로서 이들

---

254) 강경래, 앞의 논문, 94면.

255) 블로그, "재범 막는 '치료적사법', 일본 최초의 전문기관 설립" : https://blog.naver.com/japan_korean/221041670529(검색일: 2020.12.24.).

256) 김연지, 앞의 논문, 183면.

을 사회로 복귀시키는 것까지의 역할을 감당해야 한다. 이는 독자적으로 이루어질 수 없기 때문에 소년사건을 담당하는 재판부와 의료소년원에서 종사하는 인력 및 지역사회와의 연계를 통해 오랜 시간이 걸린다고 하여도 소년범죄자가 제대로 치료를 받아 사회의 구성원으로서의 올바른 역할을 감당하도록 모두가 도와주어야 할 것이다.[257] 또한, 최근 연구에 따르면 고령화사회가 앞으로 더 가속화 되고 있는 만큼 노인층에서도 데이트폭력이 발생되고 있다. 그러므로 노인의 특수상황을 충분히 고려하여 이에 맞는 적절한 양형과 보호관찰 등의 처분이 이루어져야 하기 때문에 노인전담법원의 필요성을 주장하는 연구도 있고,[258] 선진국의 다양한 문제해결법원의 도입에 대한 필요성은 더 강조되고 있다. 이처럼 선진국은 문제해결법원의 도입으로 재판과정에서 치료와 판결 이후에도 법관의 지속적인 관찰 등, 우리나라와 다르게 범죄자의 특성에 맞는 맞춤형 법원 등을 많이 운영하고 있다. 우리나라도 '연인' 등 긴밀한 관계에서의 폭력의 경우 일반법원에서의 획일화된 사법제도의 한계를 직시하고 문제해결법원을 도입하여 문제를 더욱 선진화된 과정으로 해결하여야 할 것이다. 이는 데이트폭력범죄사건의 전문성을 확보할 수 있고, 형사절차에 대한 일원화로 신속하고 효율적인 형사사법시스템이 구축될 것이며, 전문적이고 신속한 사법서비스로 피고인들의 인권보장에도 기여할 수 있다.

5. 정신건강복지법의 적용 확대

데이트폭력범죄의 유형 중 정신질환범죄형의 경우 이를 해결하기 위하여 정신건강복지법을 활용할 필요가 있다. 다만, 정신질환 데이트폭력범죄자에 대한 치료가 현행법상 한계가 있어 이에 대한 개선이 필요하다. 정신질환 데이트폭력범죄자에 대한 치료가 현행법상 한계의 원인은 정신질환을 앓고 있는 사람이 범죄를 일으키거나 난동 등을 이웃에게 행사하게 되면, 주민들은 불안을 느끼고 경찰에 신고하게 된다. 이러한 경우에는 112 신고를 지령 받고, 국가기

257) 김연지, 앞의 논문, 187-188면.

258) 선영화, 앞의 논문, 144면.

관 중 경찰이 가장 먼저 초동조치를 하기 위하여 가장 먼저 발생된 현장에 출동하여 그 정신질환자를 대면하게 된다.[259)] 또한, 정신질환자와 관련된 문제는 집안 등에서 난동을 피우다가 가족 등이 신고를 하고 있으나, 주변 이웃들이 신고를 하기도 한다. 정신질환자가 거리를 활보하는 등 집밖으로 나와 소란 등 난동을 행사하고 주변 가게 등에 들어가면 가게 주인 등이 신고를 하기도 한다. 이밖에도 정신질환자의 흉기 소지, 길거리 난동 등을 행사할 경우에 불안감을 느낀 주민들이 경찰에 신고를 하는 것은 미국이나 우리나라나 같다.[260)] 경찰관이 정신질환자를 입원시키기 위해 가족 등의 도움을 요청하는 입원관련 112 신고 지령 후 현장에 출동한 경우, 현장 경찰관들이 가장 많이 처리하는 부분은 정신질환자의 입원에 관한 문제로 치안현장에서는 '응급입원'과 '행정입원' 부분에 대해서도 경찰이 개입하고 있다. 또한, 데이트폭력범죄의 경우에도 정신질환자의 범행 등이 발생하고, 이는 치안현장에서 경험해 보면 더 잔인하고 재범의 우려가 높아 나중에는 살인 등 강력범죄로 발전할 가능성이 높기 때문에 이에 대한 해결책이 필요한 현실이다.[261)] 또한, 데이트폭력 피해경험이 있는 여성의 정신질환 발병 위험이 높다는 국내 연구결과도 있어, 피해자보호의 문제는 더 시급하다.[262)] 그러나 현장실무에서 보면, 정신건강복지법에 대한

259) 이영돈b, "정신질환 범죄와 경찰의 대응에 관한 연구", 「외법논집」 제43권 제3호, 한국외국어대학교 법학연구소, 2019, 124면.

260) Robert Panzarella/Justin O. Alicea, "Police tactics in incidents with mentally disturbed persons", Policing: An International Journal of Police Strategies and Management 20(2), 1997, pp. 326-338.

261) 박웅광, 앞의 논문, 76면.

262) 파이넨셜뉴스, "믿었던 사람의 데이트·가정폭력, 평생 동안 '마음의 병' 남아", : https://www.fnnews.com/news/201909161112177508(검색일 : 2020.12.24.).

"데이트 폭력이나 가정 폭력으로 인한 상처가 피해 여성의 남은 평생을 족쇄처럼 따라다니며 정신 장애를 일으킬 수 있다는 경고가 나왔다.

삼성서울병원 정신건강의학과 홍진표 교수·안지현 임상강사 연구팀은 18세 이상 국내 거주 여성 3160명을 대면 조사한 결과 한 번이라도 배우자나 연인 등으로부터 물리적 폭력이나 성폭력 등 피해를 입은 적이 있다고 고백한 사람은 모두 47명이었다고 16일 밝혔다. 가정-데이트 폭력으로 인한 정신장애 유병률을 국가적 규모로 조사 보고한 것은 이번이 처음이다. 연구팀은 지난 2015년 인구 총 조사에 따라 전국 23개 지역에서 나이와 교육 수준, 직업, 결혼, 소득에 따라 대표성을 갖춘 18세 이상 여성들을 선별한 뒤, 한 명씩 직접 만나 정신질환진단도구(K-CIDI)를 활용해 인터뷰를 진행했다.

이를 바탕으로 연구팀은 피해 여성과 비피해 여성의 정신장애 평생 유병률을 분석해 상대적 발병 위험

문제점이 많다는 것을 느끼고 있다. 이는 정신질환자의 범죄인 경우에는 법률상의 문제로 인하여 신속하고 명료한 현장 대응이 뒷받침 되지 않을 수 있고, 재범의 반복이라는 심각성으로 이어질 수 있다. 이러한 이유로 정신질환형의 데이트폭력 가해자와 그로 인하여 피해를 입어 심리치료와 심한 경우 정신질환 치료가 필요한 데이트폭력의 피해자 입원 등 치료를 위하여 정신질환자와 관련된 범죄현장에서 경험한 정신질환자의 관련된 입원제도의 문제점과 정신건강복지법의 개선방안을 경찰관의 관점에서 살펴보고자 한다.[263)]

첫째, 정신건강복지법상 자의입원에서는 환자가 퇴원을 요청한 경우에 환자의 정신상태를 고려하지 않고 퇴원을 시키는 현행법 규정은 문제의 소지가 있다.[264)] 또한 112 신고현장에서 경험해보면, 대상자의 상태가 입원치료가 필요함에도 환자가 동의하지 않고, 보호자도 원하지 않는 경우가 있다. 이러한 경우에는 입원을 시키는 것이 불가능 해지는 문제점도 있다. 이에 대한 개선방안으로는 자의입원을 한 사람이 퇴원 등을 신청한 경우에는 정신건강 부분에 대

을 비교했다. 그 결과 폭력의 형태나 종류에 상관없이 정신장애로 분류된 대부분의 영역에 걸쳐 피해 여성의 상대적 발병 위험이 높았다.

물리적 폭력 피해 여성의 경우 여러 정신장애 중 하나라도 발병할 위험이 3.6배, 성폭력 피해 여성은 14.3배까지 치솟았다. 정신장애 종류에 따라 상대 위험도가 높은 5개 질환으로 범위를 좁혀보면, 물리적 폭력 피해 여성은 광장공포증과 강박장애 위험이 비피해 여성보다 8배 더 높았다. 성폭력 피해 여성의 경우 위험 정도가 더욱 컸다.

외상후스트레스장애의 경우 평생 발병 위험이 무려 32.4배에 달했고, 강박장애(27.8배)나 니코틴의존증(22.4배), 광장공포증(19.6배) 등 비피해 여성과 확연한 차이를 보였다. 삼성서울병원 정신건강의학과 홍진표 교수는 "이번 연구에서 피해 사실을 말하지 못하거나 피해를 당했다는 생각조차 하지 못하고 홀로 병을 키우고 있는 데이트 폭력 피해자가 더 있을 수 있다"면서 "마음의 상처는 평생에 걸쳐 병으로 발전할 수 있는 만큼 초기부터 적극적인 상담과 치료를 받을 수 있도록 사회적 관심과 지원이 필요하다"고 강조했다. 이번 연구는 국제학술지 '여성정신건강학보(Archives of Women's Mental Health)' 최근호에 실렸다".

263) 김한중·강동욱b, 앞의 논문, 19면.

264) 정신건강복지법 제41조 제1항에서는 정신질환자나 그 밖에 정신건강상 문제가 있는 사람은 보건복지부령으로 정하는 입원 등 신청서를 정신의료기관등의 장에게 제출함으로써 그 정신의료기관등에 자의입원 등을 할 수 있다."고 규정하는 한편, 동조 제2항에서는 "정신의료기관 등의 장은 자의입원 등을 한 사람이 퇴원 등을 신청한 경우에는 지체 없이 퇴원 등을 시켜야 한다"고 규정하고 있다. 그러나 이 사람이 입원치료가 필요한 사람임에도 자의입원을 하였다는 이유로 무조건 퇴원을 시키는 것은 문제가 있다. 또한 동조 제3항에서는 "정신의료기관 등의 장은 자의입원을 한 사람에 대하여 입원 등을 한 날부터 2개월마다 퇴원 등을 할 의사가 있는지를 확인하여야 한다."라고 규정하고 있지만, 정신질환이 있어 입원치료를 받고 있는 사람이 과연 자신의 퇴원 부분에 대하여 얼마나 이성적인 판단을 할 수 있는지에 대하여 의문이 있는 규정이다.

한 전문가들로 구성된 정신건강심의위원회의 심의를 거치도록 개정되어야 한다. 또한, 그 심의를 거쳐 퇴원에 적절성 등을 심사 후 퇴원 등을 시킬 필요가 있다. 즉, 정신질환자의 경우에는 자신이 스스로 입원을 하였어도 퇴원의 경우에는 어느 정도의 기준이 있어야 한다는 것이다.[265)]

둘째, 정신건강복지법상 동의입원에서는 정신질환에 관련된 의학지식이 없는 보호자가 정신질환자의 입원에 있어서 전문전인 판단을 할 수 없다는 문제가 있다.[266)] 현장에서 부모 등은 의학지식이 없어서 혼란과 갈등을 겪는 경우가 많으며, 동의입원한 경우 환자의 보호자가 동의하면 환자의 입원치료에 대한 필요성 등을 고려하지 않고 무조건 퇴원을 시키는 것은 환자 본인과 타인 등에 모두 위험한 결과를 초래한다. 그러나 정신질환자가 보호의무자의 동의를 받지 아니하고 퇴원 등을 신청하면, 이 경우에는 법에 규정된 정신건강의학과전문의가 환자의 치료와 보호 필요성에 대한 진단을 실시하고 있다. 이 규정은 전적으로 환자의 퇴원부분을 정신질환 부분에 대한 전문적인 지식이 없는 보호자에게 맡기고 있다는 것이다. 이 경우 환자가 완치가 되지 않아 퇴원이 어려운 경우에도 자녀에 대한 정으로 입원치료가 필요한 사람이 다시 사회로 나오는 문제가 발생하고 있다. 또한, 정신질환자가 자신이 퇴원 판단에 대한 정확한 인식과 의사가 있는지 의문이 있는 규정으로 문제점을 가지고 있다. 결론적으로는 정신건강복지법 제42조를 삭제하는 방안을 제안한다.[267)]

셋째, 정신건강복지법 보호의무자에 의한 입원에서는 입원절차의 진행요건

265) 김한중·강동욱b, 앞의 논문, 19-20면.

266) 정신건강복지법 제42조 제1항에서는 "정신질환자는 보호의무자의 동의를 받아 보건복지부령으로 정하는 입원 등 신청서를 정신의료기관등의 장에게 제출함으로써 그 정신의료기관등에 입원 등을 할 수 있다."라고 규정하고 있다. 제2항에서는 "정신의료기관 등의 장은 제1항에 따라 입원 등을 한 정신질환자가 퇴원 등을 신청한 경우에는 지체 없이 퇴원 등을 시켜야 한다. 다만, 정신질환자가 보호의무자의 동의를 받지 아니하고 퇴원 등을 신청한 경우에는 정신건강의학과전문의 진단 결과 환자의 치료와 보호 필요성이 있다고 인정되는 경우에 한정하여 정신의료기관등의 장은 퇴원 등의 신청을 받은 때부터 72시간까지 퇴원 등을 거부할 수 있고, 퇴원 등을 거부하는 기간 동안 제43조 또는 제44조에 따른 입원 등으로 전환할 수 있다"고 규정하고 있다. 동조 제4항에서는 "정신의료기관등의 장은 제1항에 따라 입원 등을 한 정신질환자에 대하여 입원 등을 한 날부터 2개월마다 퇴원 등을 할 의사가 있는지를 확인하여야 한다.

267) 김한중·강동욱b, 앞의 논문, 20-21면.

으로 동조 제2항의 각 호의 모두에 해당되는 경우로 정하고 있어서 요건이 너무 엄격하여 정신질환자의 치료시기와 정신질환자가 적시에 치료를 받지 못함으로 인해 다른 사람에게 해를 끼치는 위험을 초래 할 수 있는 문제가 있다.[268)]이에 대한 개선안으로 두 요건중 하나의 요건만 충족이 되더라도 입원이 가능하게 개정할 필요가 있다.

넷째, 퇴원의 주체를 입원 등을 한 사람 또는 보호의무자로 규정하고 있어서 정신질환자가 자신이 퇴원을 할 판단에 대한 정확한 인식과 의사가 있는지, 정신병에 관한 전문적 지식이 없는 보호자가 퇴원의 주체가 되는지에 대하여 의문이 생기는 규정이며, 또한 정신의료기관등의 장은 위 제2항의 각호의 요건 모두에 해당되는 경우에만 퇴원 등을 의사를 거부할 수가 있어서 대상자의 인권보호에만 너무 편중되어 있고, 사회의 안전을 위한 부분은 제대로 인지하지 못하고 있다고 할 수 있어, 이에 대하여 제2항의 요건중 하나라도 충족을 하면 퇴원 등을 거부할 수 있도록 개정할 필요가 있다.[269)]

다섯째, 119 구급대원의 경우 정신질환자를 호송하기 위한 장구 등도 없고, 정신질환자의 호송을 119 구급대원에게 위험성 있는 정신질환자를 호송할 수 있도록 하고 있는 것은 사고의 위험을 내포하는 것으로 문제이다.[270)] 그러므로

268) 정신복지건강법 제43조 제1항 "정신의료기관 등의 장은 정신질환자의 보호의무자 2명 이상(보호의무자 간 입원 등에 관하여 다툼이 있는 경우에는 제39조 제2항의 순위에 따른 선순위자 2명 이상을 말하며, 보호의무자가 1명만 있는 경우에는 1명으로 한다)이 신청한 경우로서 정신건강의학과전문의가 입원 등이 필요하다고 진단한 경우에만 해당 정신질환자를 입원 등을 시킬 수 있다."라고 규정하고, 동조 제2항에서는 "제1항 전단에 따른 정신건강의학과전문의의 입원 등 필요성에 관한 진단은 해당 정신질환자가 다음 각 호의 모두에 해당하는 경우 그 각각에 관한 진단을 적은 입원 등 권고서를 제1항에 따른 입원 등 신청서에 첨부하는 방법으로 하여야 한다. 1. 정신질환자가 정신의료기관등에서 입원치료 또는 요양을 받을 만한 정도 또는 성질의 정신질환을 앓고 있는 경우, 2. 정신질환자 자신의 건강 또는 안전이나 다른 사람에게 해를 끼칠 위험(보건복지부령으로 정하는 기준에 해당하는 위험을 말한다. 이하 같다)이 있어 입원 등을 할 필요가 있는 경우"로 규정하고 있다, 그리고 동조 제3항에서는 "정신의료기관등의 장은 정신건강의학과전문의 진단 결과 정신질환자가 제2항 각 호에 모두 해당하여 입원 등이 필요하다고 진단한 경우 그 증상의 정확한 진단을 위하여 2주의 범위에서 기간을 정하여 입원하게 할 수 있다."라고 규정하고 있다.

269) 정신건강복지법 제43조 제9항에서는 "정신의료기관 등의 장은 입원 등을 한 사람 또는 보호의무자가 퇴원 등을 신청한 경우에는 지체 없이 그 사람을 퇴원 등을 시켜야 한다. 다만, 정신의료기관등의 장은 그 입원 등을 한 사람이 제2항 각 호에 모두 해당하는 경우에는 퇴원 등을 거부할 수 있다."라고 규정하고 있다(김한중·강동욱b, 앞의 논문, 21-22면).

이 호송규정을 '119 구급대의 구급대원(이하"구급대원"이라 한다) 및 경찰관에게 호송을 위한 도움을 요청할 수 있다'라고 개정이 필요하다. 또한, '정신질환자로 의심되는 자가 주민들을 불안하게 하는 반복신고가 경찰에 접수되는 경우, 의무적으로 정신건강센터에 통보하여 행정입원 여부를 결정하여야 한다'라는 법 규정 신설이 필요하다.

여섯째, 응급입원의 경우 정신질환자의 응급여부에 대하여 정신질환에 대한 전문지식이 없는 경찰관을 동의의 주체로 하고 있는 현행 법규정에 대해 의문이 있다.[271)] 이런 이유로 일부 현장 경찰관들은 응급입원 판단에 대하여 추후

---

270) 정신건강복지법 제44조 제1항(행정입원)에서는 "정신건강의학과전문의 또는 정신건강전문요원은 정신질환으로 자신의 건강 또는 안전이나 다른 사람에게 해를 끼칠 위험이 있다고 의심되는 사람을 발견하였을 때에는 특별자치시장·특별자치도지사·시장·군수·구청장에게 대통령령으로 정하는 바에 따라 그 사람에 대한 진단과 보호를 신청할 수 있다"고 규정하고, 동조 제2항에서는 "경찰관(「국가공무원법」 제2조 제2항 제2호에 따른 경찰공무원과 「지방공무원법」 제2조 제2항 제2호에 따른 자치경찰공무원을 말한다. 이하 같다)은 정신질환으로 자신의 건강 또는 안전이나 다른 사람에게 해를 끼칠 위험이 있다고 의심되는 사람을 발견한 경우 정신건강의학과전문의 또는 정신건강전문요원에게 그 사람에 대한 진단과 보호의 신청을 요청할 수 있다."고 규정하고 있다. 또한 동조 제3항에서는 "제1항에 따라 신청을 받은 특별자치시장·특별자치도지사·시장·군수·구청장은 즉시 그 정신질환자로 의심되는 사람에 대한 진단을 정신건강의학과전문의에게 의뢰하여야 한다."고 하는 한편, 동조 제4항에서는 "정신건강의학과 전문의가 제3항의 정신질환자로 의심되는 사람에 대하여 자신의 건강 또는 안전이나 다른 사람에게 해를 끼칠 위험이 있어 그 증상의 정확한 진단이 필요하다고 인정한 경우에 특별자치시장·특별자치도지사·시장·군수·구청장은 그 사람을 보건복지부장관이나 지방자치단체의 장이 지정한 정신의료기관(이하 "지정정신의료기관"이라 한다)에 2주의 범위에서 기간을 정하여 입원하게 할 수 있다."고 규정하였다. 다만, 동조 제9항에서는 특별자치시장·특별자치도지사·시장·군수·구청장은 제3항과 제4항에 따라 정신질환자로 의심되는 사람을 진단하거나 입원을 시키는 과정에서 그 사람이 자신의 건강 또는 안전이나 다른 사람에게 해를 끼칠 위험한 행동을 할 때에는 119구조·구급에 관한 법률」 제2조에 따른 119 구급대의 구급대원(이하 "구급대원"이라 한다)에게 호송을 위한 도움을 요청할 수 있다고 규정하고 있다.

271) 정신건강복지법 제50조 제1항(응급입원)에서는 "정신질환자로 추정되는 사람으로서 자신의 건강 또는 안전이나 다른 사람에게 해를 끼칠 위험이 큰 사람을 발견한 사람은 그 상황이 매우 급박하여 제41조부터 제44조까지의 규정에 따른 입원 등을 시킬 시간적 여유가 없을 때에는 의사와 경찰관의 동의를 받아 정신의료기관에 그 사람에 대한 응급입원을 의뢰할 수 있다"고 규정하고, 동조 제2항에서는 "제1항에 따라 입원을 의뢰할 때에는 이에 동의한 경찰관 또는 구급대원은 정신의료기관까지 그 사람을 호송한다." 고 규정하는 한편, 동조 제3항에서는 "정신의료기관의 장은 제1항에 따라 응급입원이 의뢰된 사람을 3일(공휴일은 제외한다) 이내의 기간 동안 응급입원을 시킬 수 있다"고 하고, 동조 제4항에서는 "제3항에 따라 응급입원을 시킨 정신의료기관의 장은 지체 없이 정신건강의학과전문의에게 그 응급입원한 사람의 증상을 진단하게 하여야 한다."고 규정하고 있다. 특히 동조 제5항에서는 "정신의료기관의 장은 제4항에 따른 정신건강의학과전문의의 진단 결과 그 사람이 자신의 건강 또는 안전이나 다른 사람에게 해를 끼칠 위험이 있는 정신질환자로서 계속하여 입원할 필요가 있다고 인정된 경우에는 제41조부터 제44조까지의 규정에 따라 입원을 할 수 있도록 필요한 조치를 한다. 그러나 계속하여 입원할 필요가 없다고 인정된 경우에는 즉시 퇴원시켜야 한다."라고 규정하고 있다.

민·형사상 부담을 느끼는 경우도 있다. 이에 대한 개선방안으로는 정신질환입원 부분에 대한 관련 법규 등 전문적인 교육과정을 신설하여 '전문교육을 받은 경찰관의 동의를 받아 응급입원을 현장에서 시키는 것으로 개정이 필요하며, 또한 일부 경찰관만 전문교육을 받으면 아니 되며, 경찰관은 응급입원 등 정신건강 의료부분에 대한 전문교육을 의무교육으로 하여 연 1회 이상 받아야한다'는 신설조항이 필요하다. 그리고 긴박한 현장에서의 응급입원 판단에 대한 면책규정을 신설 하여야 하고, 추후 환자나 환자 및 가족들에 대한 민·형사상 책임의 부담을 덜어 줘야 한다. 다만, 현장에서 응급입원 등이 필요하였다는 동영상 촬영, 입증자료나 혹은 참고인 등의 진술 등 입증 자료가 필요할 것이다. 경찰 관내 정신질환자들의 현황에 대한 정보가 없는 상황으로 정신건강복지법 제52조[272] 정신의료기관에 입원 등을 한 사람이 퇴원 등을 할 때에는 정신건강복지센터의 장, 뿐만 아니라 관내 치안을 위하여 경찰관서에 본인 의사 불문하고 통보를 하는 것으로 입원부분 법조문 개정이 필요하다.[273]

272) 정신건강복지법 제52조(퇴원등의 사실의 통보) ① 정신의료기관등의 장은 제41조부터 제44조까지 또는 제50조에 따라 정신의료기관등에 입원등을 한 사람이 퇴원등을 할 때에는 보건복지부령으로 정하는 바에 따라 본인의 동의를 받아 그 퇴원등의 사실을 관할 정신건강복지센터의 장(관할 지역에 정신건강복지센터가 없는 경우에는 보건소의 장을 말한다. 이하 이 조에서 같다)에게 통보하여야 한다. 다만, 정신건강의학과전문의가 퇴원등을 할 사람 본인의 의사능력이 미흡하다고 판단하는 경우에는 보호의무자의 동의로 본인의 동의를 갈음할 수 있다〈개정 2019. 4. 23.〉.

② 제1항에도 불구하고 정신의료기관등의 장은 정신병적 증상으로 인하여 자신 또는 다른 사람의 생명이나 신체에 해를 끼치는 행동으로 입원등을 한 사람이 퇴원등을 할 때 정신건강의학과전문의가 퇴원등 후 치료가 중단되면 증상이 급격히 악화될 우려가 있다고 진단하는 경우에는 그 퇴원등의 사실을 관할 정신건강복지센터의 장에게 통보하여야 한다. 〈신설 2019. 4. 23.〉 ③ 정신의료기관등의 장은 퇴원등의 사실을 관할 정신건강복지센터의 장에게 통보하기 전에 미리 그 사실을 본인 또는 보호의무자(정신건강의학과전문의가 퇴원등을 할 사람 본인의 의사능력이 미흡하다고 판단하는 경우만 해당한다. 이하 이 조에서 같다)에게 알려야 한다. 〈신설 2019. 4. 23.〉 ④ 정신의료기관등의 장은 본인 또는 보호의무자가 제3항에 따라 고지받은 퇴원등의 사실 통보를 거부하는 경우에는 제2항에 따른 통보를 할 수 없다. 다만, 제54조 제2항에 따른 정신건강심사위원회의 심사를 거친 경우에는 그러하지 아니하다.〈신설 2019. 4. 23.〉 ⑤ 제1항 및 제2항에 따른 퇴원등의 사실 통보, 제3항에 따른 퇴원등의 사실 통보 사전 고지 및 제4항에 따른 퇴원등의 사실 통보 여부 심사절차에 관한 사항은 보건복지부령으로 정한다.〈신설 2019. 4. 23.〉 ⑥ 제1항·제2항 또는 제4항에 따라 퇴원등의 사실을 통보받은 정신건강복지센터의 장은 해당 퇴원등을 할 사람 또는 보호의무자와 상담하여 그 사람의 재활과 사회적응을 위한 지원방안을 마련하여야 한다.〈개정 2019. 4. 23.〉

273) 김한중·강동욱b, 앞의 논문, 23-24면.

6. 데이트폭력범죄 예방을 위한 사회적 교육 실시

유년기에 아동학대의 경험과 폭력을 용인하는 태도와 타인을 경계하는 태도가 병적으로 심한 성격장애는 모든 유형의 폭력의 영향을 미친다. 따라서 어떠한 경우라도 폭력은 정당화 되지 않는다는 점을 유년기부터 교육이 이루어져야 폭력에 대한 태도가 올바르게 형성되고 유년기에 폭력의 피해경험이 성인이 된 이후에도 폭력행동에 영향을 미친다. 그러므로 유년기부터 비폭력 교육과 환경이 중요함을 알 수 있다. 또한, 성장기에 가정폭력의 현장을 많이 경험한 사람일수록 정서적 폭력과 신체적 폭력을 더 많이 발생시킨다는 연구결과도 있다. 가정폭력을 많이 경험하고 성장한 사람일수록 어른이 된 이후 자신이 보고 자란 폭력행동을 저지를 가능성이 높다. 그 결과 자신의 연인이나 자신이 혼인하여 결혼생활 중 서로의 관계에서 문제가 생기면 이성적인 방법대신 폭력을 행사하여 문제를 해결하려 한다는 것이다. 최근 심각해지고 있는 연인간의 폭력문제를 해결하기 위해서는 유년기부터 관심과 적절한 지원대책이 시급한 것이다.[274] 데이트폭력범죄는 가정폭력과 기본적인 속성과 특성이 같다고 볼 수 있다. 이는 가정폭력의 경험이 학교 폭력경험을 거쳐서 데이트폭력범죄로 연결되고 있어, 유년기부터 성인에 이르기까지 폭력이 지속되는 경향이 있다. 미국에서는 데이트폭력범죄를 예방하기 위하여 이성교제가 시작되는 중·고등학교 학생들을 대상으로 데이트폭력 예방교육을 확대 실시하고 있다.[275] 따라서 폭력범죄의 예방과 해결을 위해서는 아동·청소년시절부터 폭력예방교육이 필요하다. 또한 일본에서는 내각부 주도로 1999년부터 3년마다 남·녀간의 폭력실태를 조사하고 있다. 그리고 이를 기초 자료로서 활용하여 국가정책에 반영하고 있다.[276] 가정폭력의 목격·경험이나 성역할 고정관념은 단시간내에 정책적으로 개입·변화 시킬 수 있는 요인이 아니므로, 중장기적인 접근방법이 요구된다. 가정폭력에 대한 형사사법기관의 강경대응 기조 확산, 가정

274) 홍영오, 앞의 논문, 346-347면; 홍태경 앞의 논문, 511면.

275) 한성훈, 앞의 논문, 277면.

276) 배상균, 앞의 논문, 23면.

폭력을 비롯한 데이트폭력범죄에 대한 사회적 인식개선을 위한 지속적인 홍보, 청소년들을 대상으로 하는 친밀한 관계에 대한 폭력교육 등을 통하여 가정폭력을 비롯한 '연인간 폭력'이 범죄라는 인식과 더불어 형사사법기관의 적극적 개입대상이라는 점을 명확히 인식시키려는 노력이 지속되어야할 것이다.[277] 또한, 데이트폭력범죄의 피해자에 대해서는 필요한 경우 심리적 지원 및 교육이 병행될 필요가 있다.[278] 그리고 대학이나 직장내에서 성폭력 및 성희롱 교육을 의무적으로 실시하게 하고 있듯이 별도의 교육프로그램이 아닌 교육시스템에 추가적으로 실시하는 방안도 모색하는 것이 타당하다고 본다.[279] 또한, 데이트폭력범죄 현장에 출동하여 본 범죄를 직접 처리하고 있는 경찰 등 법집행기관 직원에 대한 데이트폭력범죄 예방의 중요성 교육도 강화할 필요가 있다. 그리고 데이트폭력범죄에 대한 문제가 증가 발생하는 것은 우리 사회의 가부장적인 문화, 최근 여성에 대한 혐오 등의 사회현상 등도 데이트폭력범죄의 원인이 된다. 그러므로 성차별 등 잘못된 인식에 대한 사회인식 개선과 관련 예방교육도 데이트폭력범죄 발생을 근원적으로 차단하기 위해서는 필요한 방법일 것이다.[280]

제3절 경찰 실무에서의 개선방안

1. 수사

(1) 고소나 신고에 합리적인 이유가 있는 경우 즉시 입건

경찰실무에서는 범죄 피해가 발생한 경우 경찰관서에 수사를 의뢰하는 방법은 피해자가 112 신고를 하거나, 고소장을 작성하여 피해자가 경찰관서에 고소

277) 홍태경, 앞의 논문, 512면.
278) 주승희, 앞의 논문, 123면.
279) 박현정, 앞의 논문, 515면.
280) 정지혜, 앞의 논문, 205면.

하는 방법이 있다. 이 과정에서 피해자의 진술이나 상처의 여부 및 정도, 증거 등으로 범죄혐의를 합리적으로 판단하여 피해자의 고소나 신고에 합리적인 이유가 있는 경우에는 즉시 현행범인 체포[281] 등 입건 후 신속한 수사가 이루어져야 할 필요가 있다.

현재 데이트폭력범죄의 경우 현장에서 가해자가 자신이 인적사항을 밝히고 이로 인한 주거의 확인, 그리고 도주나 증거인멸 등의 우려가 없으면 현행범인 체포의 요건으로 인하여 현장 체포를 지양하는 모습을 보이고 있다. 이로 인하여 피해자는 "왜 저 사람을 경찰이 그냥 보내냐?"라고 하며 불만을 제기하는 경우가 많이 발생되고 있다. 이런 이유로 가해자의 범행이 상습이거나 상해 등 신체에 대해 직접적인 피해가 발생한 경우 임의동행이 아닌 현장에서 가해자를 현행범으로 체포하여 신병을 확보함으로써 데이트폭력범죄에 엄정하게 대처할 필요가 있다.

또한, 고소사건의 경우 일선 현장실무에 있어 사건 담당자들의 업무량으로 인하여 고소사건 등 사건수사가 지연되는 피해자의 경우에는 사건처리의 지연에 대한 불만과 보복범죄 등의 불안감을 느끼고 있다. 데이트폭력범죄의 경우 피해자에 대한 재범과 집착성의 특징이 다른 범죄들 보다 더 크게 나타나고 있어, 피해자의 고소나 신고에 합리적인 이유가 있는 경우 즉시 데이트폭력 피혐의자의 입건 후 신속한 수사가 이루어져야 한다.

이를 위하여 경찰청 차원에서 사건처리 순위에 있어서 가장 우선순위처리사건으로 지정하여 처리할 필요가 있으며, 데이트폭력범죄를 가장 우선 처리하게 된다면 국민들도 데이트폭력범죄에 대하여 경각심이 높아질 것으로 사료

281) 「형사소송법」 제211조(현행범인과 준현행범인) ① 범죄를 실행하고 있거나 실행하고 난 직후의 사람을 현행범인이라 한다.

② 다음 각 호의 어느 하나에 해당하는 사람은 현행범인으로 본다.

1. 범인으로 불리며 추적되고 있을 때
2. 장물이나 범죄에 사용되었다고 인정하기에 충분한 흉기나 그 밖의 물건을 소지하고 있을 때
3. 신체나 의복류에 증거가 될 만한 뚜렷한 흔적이 있을 때
4. 누구냐고 묻자 도망하려고 할 때

제212조(현행범인의 체포) 현행범인은 누구든지 영장없이 체포할 수 있다.

된다.

(2) 구속수사의 지향과 신상공개제도의 활용

현장실무에서 경험해 보면, 데이트폭력 범죄는 자신의 연인이라는 긴밀한 인적 특수성으로 인하여 이별과정과 이별 이후에 보복범죄 및 재범, 그리고 살인 등 강력범죄의 특성이 최근 두드러지고 있다. 이로 인하여 검찰에서는 데이트폭력범죄의 경우 삼진아웃제를 시행하고 있다. 그러므로 경찰에서도 데이트폭력범죄의 재범방지와 강력범죄로 발전되는 것을 미리 차단하기 위하여 피해자가 동일한 연인에게 2회 이상 상해, 폭행 등 직접적으로 폭력 등의 피해를 당한 경우 구속수사를 지향하여 엄정하게 대처할 필요가 있다.[282)]

이와 더불어 성폭력범죄에서 시행되고 있는 신상공개제도를 도입하는 방안을 제시한다. 개인정보의 노출 등이 민감한 현대사회에서 데이트폭력 재범에 대한 얼굴, 인적사항 등 신상공개를 함으로써 데이트폭력범죄의 피해자를 재범으로부터 보호할 수 있는 정책을 시행할 필요가 있다.[283)] 물론 이 과정에서 피혐의자의 인권보호 문제가 생길 소지는 있다. 하지만 계속 증가하고 있는 데

282) 「형사소송법」 제201조(구속) ① 피의자가 죄를 범하였다고 의심할 만한 상당한 이유가 있고 제70조 제1항 각 호의 1에 해당하는 사유가 있을 때에는 검사는 관할지방법원판사에게 청구하여 구속영장을 받아 피의자를 구속할 수 있고 사법경찰관은 검사에게 신청하여 검사의 청구로 관할지방법원판사의 구속영장을 받아 피의자를 구속할 수 있다. 다만, 다액 50만원이하의 벌금, 구류 또는 과료에 해당하는 범죄에 관하여는 피의자가 일정한 주거가 없는 경우에 한한다.

② 구속영장의 청구에는 구속의 필요를 인정할 수 있는 자료를 제출하여야 한다.

③ 제1항의 청구를 받은 지방법원판사는 신속히 구속영장의 발부여부를 결정하여야 한다.

④ 제1항의 청구를 받은 지방법원판사는 상당하다고 인정할 때에는 구속영장을 발부한다. 이를 발부하지 아니할 때에는 청구서에 그 취지 및 이유를 기재하고 서명날인하여 청구한 검사에게 교부한다.

⑤ 검사가 제1항의 청구를 함에 있어서 동일한 범죄사실에 관하여 그 피의자에 대하여 전에 구속영장을 청구하거나 발부받은 사실이 있을 때에는 다시 구속영장을 청구하는 취지 및 이유를 기재하여야 한다.

283) 머니S, "부산 데이트 폭력, '가해자 신상 공개' 누리꾼 폭발": https://moneys.mt.co.kr/news/mwView.php?type=1&no=2018032713278024386&outlink=1(검색일: 2020.12.20.)(이별을 요구하는 여자친구를 무차별 폭행하고 옷을 벗긴 채 끌고 간 남성의 데이트폭력 사실이 알려진 가운데 이를 접한 대중들은 가해자 신상을 공개하라며 분노하고 있다. 부산에 사는 여대생 A씨는 자신의 페이스북에 3개월간 교제한 남자친구 B씨에게 데이트 폭력을 당하는 CCTV 영상을 공개했다. 영상에는 A씨가 옷이 벗겨진 채로 B씨에게 끌려 승강기에 탑승하는 장면이 담겼다.).

이트폭력범죄의 재범을 방지하고 피해자를 보호하는 공익이 피혐의자의 사익보다 더 크다고 할 것이다.

(3) 데이트폭력범죄 피해자를 위한 진술조력인 제도 신설

피해자가 성폭력 사건 등으로 경찰 조사를 받는 19세 미만, 장애인의 경우에는 진술조력인 제도를 실시하여 자신과 신뢰관계가 있는 자를 동석시켜 안정감 속에 조사를 받을 수 있게 하고 있다. 그러나 데이트폭력범죄의 경우에는 피해자는 현장실무에서 경험해 보면, 자신과 긴밀한 연인이 자신을 때리고 성폭행하는 등 피해자가 믿었던 가장 친한 관계에 있는 사람에게 범죄피해를 당한 것에 대한 분노와 심리적 외상이 상당히 심하다고 볼 수 있다. 이런 상태에서 냉정하고 침착하게 자신의 범죄피해 사실을 경찰관에게 진술하는 것은 심리적으로 어려움이 있다. 그리고 피해자 자신의 중요한 법률문제를 이성적으로 냉정하게 판단하지 못하고 분노로 인한 진술의 어려움, 이성적이지 못한 성급한 사건처리의 철회 등의 문제가 발생되는 것을 경험하게 된다. 그러므로 데이트폭력범죄 피해자 조사의 경우도 진술조력인 제도를 활용할 수 있도록 규정을 신설하여, 데이트폭력범죄 피해자가 경찰에서 피해진술시 신뢰관계 있는 자를 동석시켜 심리적 안정감 속에서 조사를 받을 수 있도록 보호해야 한다. 이와 함께 강력범죄 데이트폭력 피해자 조사시에는 심리상담사를 의무적으로 참여할 수 있는 제도가 마련되어야 할 것이다.

2. 예방과 사후관리

(1) 경찰실무 교육프로그램을 활용한 전문교육의 활성화

데이트폭력범죄에 대하여 경찰이 그 심각성을 인식하지 못한다는 비판을 받아 왔다. 따라서 데이트폭력범죄 사건을 피해 현장에서 처리하고 있는 경찰관부터 데이트폭력범죄에 대한 인식제고가 필요하다.

사람의 인식은 반복되는 교육에 의하여 변화되는 만큼, 현재의 직장에서 매년 의무적으로 직장내 성희로 예방을 위하여 의무적으로 직장 대상 교육을 하고 있는 것처럼, 경찰 직장부터 데이트폭력은 남·녀사이의 단순한 '애정싸움'이 아닌 분명한 범죄라는 예방교육을 연간 의무적으로 실시하여야 한다. 이 과정에서 데이트폭력범죄 사건발생시 사건처리 매뉴얼과 피해자보호 매뉴얼 등을 반복 소개, 피해자와의 대화기법 등을 익히고 관서간의 데이트폭력범죄 발생사건과 모범 처리사례를 공유하여 교육의 실효성과 효율성을 제고해야 한다. 또한, 교육 매뉴얼을 단순하게 가이드 라인으로 설정할 것이 아니라, 일부 주요내용은 기속규정으로 정함으로써 전국적으로 통일성을 가지고 데이트폭력범죄의 현장에서 대응할 수 있도록 해야 할 것이다.

(2) 피해자와 동성의 경찰 전담 '비대면 상담' 시스템 마련

데이트폭력범죄의 특성상 피해자는 자신의 연인에게 피해를 당하면 전혀 모르는 타인에게 당한 범죄보다 긴밀한 상대에게 폭력이란 이유로 더 많은 충격과 분노를 겪는 것을 현장실무에서 경험한다. 이렇게 심리적으로 위축되어 자신의 범죄피해에 대한 상담 등을 하려고 하여도 자신과 긴밀한 인적 관계에 있는 연인에게 당한 피해를 털어놓고 고민상담할 수 있는 사람은 많지 않다. 그리고 많은 피해자들은 대면하여 상담하는 것에 대하여 부담을 느끼고 있는 것을 현장실무에서 경험한다. 물론 많은 여성폭력 관련 상담기관의 전화상담이 있으나, 상담자에게 신고를 권유만 하고, 경찰에 폭력사실을 통보하거나 신고의무는 없는 것에 대한 한계가 있다.[284] 이런 이유로 학교폭력의 대표 상담신고전화인 117번, 상담전화를 데이트폭력범죄의 경우에도 포함시켜 상담직원의 구성은 피해자와 동성의 경찰 전담 '비대면 상담 전화'로 확대하여 운영하고 상담방법은 전화, 문자, 카카오톡 등 SNS를 이용한 비대면 수단 중 피해자가 선택할 수 있도록 해야 할 것이다. 최근 경찰에서는 반복신고의 경우 경찰이 적극적으로 이를 체크하여 고질적으로 반복적인 피해 신고의 경우 더 면밀히

284) 강용길·박재풍 외, 앞의 논문, 207면.

대응하고 있다. 이 상담과정에서 데이트폭력범죄 신고의 경우 반복성에 관한 부분을 더 정밀하게 상담하는 하여 데이트폭력범죄 신고 중 특히 반복신고의 경우에는 더 엄정하게 경찰이 대응해야 할 것이다.

(3) 지역내 유관기관 및 단체와의 유기적 협력관계 구축

지역공동체의 치안활동이라는 이름으로 지역주민과 경찰과의 협력관계는 범죄를 예방하고 해결하기 위한 중요한 요소가 되고 있다. 치안의 문제는 경찰기관의 독자적 활동만을 가지고는 한계점에 대해 인식하고 경찰과 주민이 지역의 안전을 위하여 범죄를 감시하는 눈이 되어 범죄에 공동으로 대처하는 경향이 날로 높아지고 있다.

첫째, 데이트폭력범죄는 현장실무에서 경험해 보면, 남성 피해자도 있지만 여성 피해자의 비중이 더 많은 관계로 유관기관 중 여성가족부와 데이트폭력범죄 관련 통계와 사례 그리고 해결방안에 대하여, 상시 협업 체계를 구축하여 정책개발을 하여야 한다. 2019년 기준으로 전국 경찰서 형사·여성청소년계·청문감사관실 등 관련기능 합동으로 '데이트폭력범죄 근절TF'를 편성하여(현장출동-상담-사후모니터링) 종합처리하고 있어 범죄의 전반에 대해 유기적으로 대응하고 있다고 할 수 있다. 그리고 가해자의 폭력성·상습성 등을 종합적으로 수사하여 엄정하게 처벌하고 있을 뿐만 아니라 맞춤형 신변보호, 사후 모니터링 등 피해자보호도 강화하고 있다. 하지만 경찰단계에서 데이트폭력범죄는 국가기관 및 지역내 유간기관과의 연계가 자연스럽지 못한 것이 현실이다. 그러므로 이처럼 데이트폭력범죄의 심각성을 볼 때 앞으로 여성가족부·여성단체 등 유관기관과의 적극적으로 협력체계를 구축하여 데이트폭력범죄 근절을 위한 노력이 지속적으로 이루어져야 할 것이다.[285] 또한, 데이트폭력범죄는 긴밀한 사이에서 생기는 범죄이기 때문에 서로 이해와 용서를 통해 관계 회복이 가능하다고 인식하지만, 반대로 이런 이유로 수사기관 내지 지인들에게 도

285) 치안정책연구소, 앞의 책, 126-127면.

움을 요청하지 않는 경우가 많다는 사실을 인지하여야 한다.

둘째, 데이트폭력범죄의 경우 평소 친밀한 사이인 사람에게 피해를 당한 범죄이므로 피해자는 다른 폭력범죄보다 외상이 더 크다는 특징이 있다. 가해자의 처벌 외에 지역내 범죄피해자보호 단체와의 평소 유기적 관계를 통하여 경찰이 현장에서 피해자보호를 위하여 현장에 출동요청을 하였을 경우 주·야간 현장에 외근 활동을 할 필요가 있다. 하지만 우리나라의 범죄피해자보호센터는 검찰청 내에 사무실을 두고 주간 근무만 하고 있으며, 사건이 집중적으로 발생되는 야간에는 근무를 하지 않아 범죄피해자보호에 한계를 나타낸다고 생각된다. 피해자의 현실적 보호를 위해서는 범죄피해자보호센터의 야간 근무와 중요 피해자의 외상 사건이 발생하여 경찰이 요청시 현장출동을 하여야 할 것이다. 또한, 사건 발생시 초동조치를 하는 경찰기관에 범죄피해자보호센터 직원이 상주할 수 있도록 경찰기관에 사무실을 두는 등 경찰과 범죄피해자보호센터와의 유기적 관계가 필요하다.

마지막으로 각 지역에서 보수 없이 오로지 지역의 안전을 위하여 야간 시간대 방범 봉사를 하고 계시는 자율방범대 등 지역내 협력기관은 데이트폭력이 남·녀사이의 '애정싸움'이 아닌 분명한 범죄라는 인식으로 지역의 데이트폭력범죄 감시자가 되어야 한다. 그리고 데이트폭력범죄가 발생한 경우에는 가장 먼저 경찰기관에 신고를 하는 신고요원이 되어 각 지역에서 데이트폭력범죄 근절에 앞장서야 할 것이다. 이런 과정에서 경찰은 지역내 유관기관이 지역안전의 선봉임을 스스로 자부심과 긍지를 가질 수 있도록 관심과 지원이 필요하다.

(4) 전산시스템을 활용한 철저한 사후관리

데이트폭력범죄로 입건 된 자는 사건처리 되어 범죄경력 등(전과)이 관리되고 있지만, 현장에서 경고장 등을 받고 현장 귀가한 데이트폭력 가해자에 대해서는 경고장이 전산관리가 되고 있지 않아 사후관리에 허술한 점이 많은 것이 현실이다. 그러므로 데이트폭력범죄의 경고장에 대해서도 전산관리가 이루어져야 한다.

데이트폭력범죄 사범에 대한 경고장 등을 전산관리를 함으로써 데이트폭력범죄현장에서 가해자의 인적사항을 조회하게 되면 과거의 데이트폭력 신고사건의 인적사항과 사건개요가 현출되기 때문에 재범여부를 쉽게 파악할 수 있게 된다. 그리고 사후 확인과정을 거쳐 동일 가해자가 다시 데이트폭력범죄를 범한 경우에는 과거 전력을 확인하여 적극적으로 형사입건해야 할 필요성의 근거자료가 될 수 있는 것이다. 따라서 전산시스템을 활용한 데이트폭력범죄에 대한 사후관리가 철저히 이루어지기 위해서는 우선적으로 기술적 시스템 개발과 근거규정 등의 마련되어야 할 것이다.

(5) 상습가해자 및 피해자의 치료를 위한 의료기관 연계

데이트폭력범죄의 가해자가 정신 등에 이상이 있어 상습으로 범죄를 저지르는 경우나 데이트폭력 유형 중 알콜중독자의 경우에는 단순히 형사처벌 외 의료보험공단 등과 협력하여 집중적인 치료를 받을 수 있도록 하는 제도가 마련되어야 한다. 그리고 데이트폭력범죄 피해자 역시 긴밀한 사이에서의 폭력 등으로 인한 정신·육체적인 치료가 필요한 경우 의료기관과 연결하여 치료를 병행할 필요가 있다. 아울러 가해자의 경우 치료를 거부하는 것을 예방하기 위하여 강제치료제도를 신설함으로써 치료의 이수여부와 치료에 임하는 태도 등을 향후 재판과정에서 양형에 반영할 필요가 있다. 한편 경찰기관에서는 이 제도를 홍보하여 치료를 받을 수 있다는 적극적인 알림 활동을 방송과 SNS 등을 통하여 홍보활동을 전개함으로써 데이트폭력범죄의 예방활동에 힘써야 할 것이다. 이와 더불어 국가와 지방자치단체에서는 이들이 경제적인 이유로 치료를 받지 못하는 상태가 발생되지 않도록 데이트폭력 예방치료기금조성 등의 제정지원이 활발히 이루어져야 할 것이다.

제6장

마무리

제6장 마무리

데이트폭력범죄가 긴밀한 상대인 자신의 연인을 대상으로 성폭행·살인 등의 강력범죄 사건으로 발생되면서 사회문제가 되고 있다. 또한, 경찰청 자료에서도 살펴보았듯이 데이트폭력범죄는 계속 증가하고 있다. 하지만 사회적으로나 경찰실무에서도 데이트폭력범죄를 심각한 범죄로 인식하지 않고 연인 간의 단순한 '애정싸움'으로 단정하고 있는 실정이다. 현장실무에서 데이트폭력범죄를 보면, 서로 '데이트관계'라는 특수한 인적 관계로 인하여 집착성, 반복성, 그리고 재범의 위험이 매우 높다는 특성이 있다. 또한, 데이트폭력범죄는 자신의 연인을 상대로 하여 단순한 폭력행위를 넘어서 정신적·경제적 침해, 사회통제 등 다양한 범죄 유형들이 복합적으로 발생되고 있는 반면에 범죄피해자에 대한 지원 및 보호제도가 제대로 시행되고 있지 못하고 있다. 더군다나 최근에는 결혼을 하지 않는 비혼주의자의 증가로 1인 가구가 증가함에 따라 데이트폭력범죄는 계속 증가할 것으로 예측된다.

본 서에서는 최근 사회적 문제가 되고 있는 데이트폭력범죄를 "혼인관계의 유·무와 상관없이 이성 또는 동성간에 교제중이거나 과거 연인관계에서부터 발생하는 생명·신체·언어적 폭력, 정서적·성적 폭력 그리고 행동통제, 경제적 폭력"으로 정의하였다. 그리고 연구자가 현장실무에서의 데이트폭력범죄를 처리한 경험을 바탕으로 데이트폭력범죄의 유형을 아래와 같이 '살인범죄형', '신체적 폭력형', '재산범죄형', '심리적 통제·억압형', '감금형', '사이버폭력형', '주거침입범죄형', '성범죄형', '정신질환범죄형(알콜중독 포함)', '인근·음주소란형 등 총 10가지의 유형으로 분류하여 제시하였다. 또한, 경찰 실무자의 데이트폭력범죄 논문인 만큼 데이트폭력범죄 신고사건이 신고접수단계부터 조사단계까지 실무적으로 어떻게 처리되고 있는지와 처리절차에서의 문제를 적시하였고, 데이트폭력범죄는 가해자의 처벌뿐만 아니라 피해자의 보호가 더욱 중요한 만큼 데이트폭력범죄 피해자 보호를 위한 현재 경찰의 피해자 보호제도인 신변보호제도, 스마트워치 등 경찰의 피해자 보호제도를 자세히 검토하였다. 이후 국내 데이트폭력범죄 관련 입법안 등을 분석하고, 외국의 데이트폭력범죄 관련 법제 또한 미국, 영국, 일본, 독일의 순서로 분석 및 비교하였다. 이를 토대로 하여 데이트폭력범죄에 대한 개선방안을 다음과 같이 제시하였다.

첫째, 법적 개선방안으로는 처음에는 흥분한 피해자들이 나중에 다수가 흥분이 가라앉으면 사건접수 후, 주무부서에서 사건처리중이거나 사건처리 후 피해자가 사건을 철회하는 문제가 많이 발생되고 있어 피해자들의 신중한 사건처리 등의 법적문제와 경찰력 낭비를 방지하기 위하여 '데이트폭력범죄에 대한 반의사불벌죄의 적용을 배제'(단, 사건 피해 2회 이상의 경우)해야 함을 주장하였다. 그리고 데이트폭력범죄 관련 특별법인 가칭, '데이트폭력범죄 처벌 및 피해자 보호 등에 관한 법률'의 입법을 제안하였으며, 데이트관계라는 특수한 인적 관계로 인해 피해자의 주거, 직장 등의 개인정보의 취득이 쉽기 때문에 결별 후 또는 사건처리 후에도 계속적으로 가해자가 피해자에게 접근하여 고소·고발 사건에 대한 철회를 강제하는 것을 방지하기 위하여 일정기간 반의사불벌죄 데이트폭력 피해 사건처리접수 숙려기간을 신설하여 사건처리 접수의 신중함을 사건 피해자가 기할 수 있게 해야 한다는 '데이트폭력범죄 피해 사건처리접수 숙려기간 신설'(단, 반의사불벌죄의 경우)을 주장하였다. 또한 가해자가 피해자의 개인정보를 이용한 보복범죄의 발생을 방지하기 위하여 현재 가정폭력범죄에 적용하고 있는 '접근금지' 등 임시조치 규정을 신설을 제시하였다.

둘째, 정책적 개선방안으로 폭력의 습벽이 있는 사람과의 만남을 차단하기 위한 장치로 연인이 교제나 결혼하려고 하는 경우 상대방의 '폭력 범죄경력조회'를 신청하여 열람함으로써 데이트폭력 등 폭력 습벽이 있는 사람과의 만남을 차단할 수 있도록 현재 영국의 '클레어법'의 도입을 주장하였다. 이와 더불어 데이트폭력범죄의 가해자가 전화를 이용하여 피해자에게 협박 등의 데이트폭력범죄에 대한 방지 대책으로 현대사회가 정보화 사회에 이은 현재 모바일 사회인 점을 고려하여, 가해자의 '통신기기 발신 정지·취소제도'의 신설을 제시하였다. 예컨대 데이트폭력범죄의 피해자가 피해내용을 녹취하여 신고하거나, 수사당국의 수사로 증거가 확보된 경우에는 수사기관이 직권으로 가해자의 통신기기를 일정시간 정지시키거나, 더 나아가 상습적인 경우에는 가해자의 전화번호를 취소시킴으로써 가해자가 피해자에게 접근하여 '협박·괴롭힘'의 행위를 방지하기 위한 것이다. 또한 데이트폭력범죄 원인에 대한 상기한 애착이론 등에서 보면, 데이트폭력범죄의 문제를 해결하기 위해서는 처벌과 더불어 치료적 방법도 같이 병행되어야 함을 알 수 있다. 그러한 이유에서 '상습 데이트폭력범죄 사범에 대한 치료적 사법적용'을 주장하였다. 데이트폭력범죄 가해자의 정서적·심리적 증상 등은 아동·청소년 시기에 발생하고, 후에 성인기 폭력행동에 영향을 준다는 연구결과가 있었다. 그러므로 청소년시기부터 그에 맞는 전문화된 문제해결법원이 필요하다는 주장을 하였다. 현재 정신건강복지법의 문제점과 이에 대한 개선방안을 기재함으로써 처벌과 병행하여 특히 치료의 필요성도 요구되는 데이트폭력의 사범에 대한 재범방지 부분도 데이트폭력의 해결방안으로 주장하였다.

마지막 경찰 실무에서의 개선방안으로는 데이트폭력범죄 피해자의 고소나 신고에 합리적인 이유가 있는 경우에는 가해자를 즉시 입건하는 방안, 반복적·재범의 데이트폭력범죄 가해자에 대한 구속수사의 지향과 신상공개 제도의 도입, 데이트폭력범죄 피해자를 보호하기 위해 조사시 진술조력인 제도의 신설을 제안하였다. 그리고 실무경찰관의 데이트폭력범죄의 심각성에 대한 인식을 고취시키기 위해 경찰실무 교육프로그램에 데이트폭력에 대응교육을 편입시켜 전문교육의 활성화하는 방안을 제시하였다. 게다가 수사절차에서 피해자를 보호하기 위해 피해자와 동성의 경찰 전담 '비대면 상담' 시스템 마련, 지역내 유관기관 및 단체와의 유기적 협력관계 구축하는 방안과 상습 가해자 및 피해자를 의료기관 등과의 연계를 통하여 치료를 병행할 수 있도록 하는 대안을 제시하였다.

헌법에서는 인간의 존엄과 행복을 추구할 권리를 선언하고 있다. 이러한 천부인권에 대해 어느 누구도 침해받지 않도록 국가는 보호해야할 의무를 지고 있다. 데이트폭력범죄는 현대사회에서 매우 심각한 문제로 대두되고 있음에도 불구하고 그에 따른 적절한 법적조치가 형성되어 있지 못하고 있다. 그러므로 국가의 국민에 대한 보호의무를 준수하기 위해서는 우리나라의 실정에 맞는 법제도가 구축되어야 할 것이다. 앞으로 데이트폭력범죄를 예방·해결하기 위하여 경찰 등 관련부처의 보다 전문적 이고 종합적인 대응방안의 마련과 학계의 전문적인 연구를 기대하며, 본 서가 그 초석이 될 수 있기를 기대해 본다.

참고문헌

1. 국내문헌

(1) 단행본

Adrian Raine(이윤호역), 「폭력의 해부」, 흐름출판, 2015.

Stephen Brown·Finn-Aage Esbensen·Gilbert Geis(황의갑·기광도·김용근·류준혁·박지선·윤우석·이봉한·이상문·이창한·이창훈·정덕영·정진성·조윤오 역), 「범죄학」, 도서출판 그린, 2015.

경찰청a, 「피해자보호·지원 매뉴얼」, 경찰청, 2019.

______b, 「112 신고 접수 지령 매뉴얼」, 경찰청, 2016.

나카노 노부코, 「사이코패스 : 정상의 가면을 쓴 사람들」, 호메로스, 2019.

노성호·권창국·김연수·박종승, 「피해자학」, 도서출판 그린, 2018.

박지선, 「범죄심리학」, 도서출판 그린, 2018.

서울지방경찰청, 「2차 피해 방지를 위한 상황별 Q&A」, 서울지방경찰청, 2020.

에이커스·셀러스·제닝스(민수홍·박강우·기광도 역), 「범죄학 이론」, 나남출판, 2017.

치안정책연구소, 「치안전망 2020」, 치안정책연구소, 2019.

케빈데이비스(이로운 역), 「법정에 선 뇌」, 실레북스, 2018.

(2) 연구논문

강경래, "일본 의료소년원의 현황과 평가", 「소년보호연구」 제27권 제27호, 한국소년정책학회, 2014.

강동욱·이원정, "주취상태에서의 강·폭력범죄자의 책임과 양형 분석 2012-2013 의정부경찰서 관내 발생사건을 중심으로", 「한양법학」 제47권 제3호, 한양법학회, 2014.

강용길·박재풍·박원규·이춘삼, "데이트폭력의 예방 및 대응관련 쟁점사항에 관한 연구", 「치안정책연구」 제30권 제1호, 치안정책연구소, 2016.

구현근·박현정, "데이트폭력 범죄의 법제도화에 관한 고찰", 「인문사회21」 제11권 제2호, 아시아문화학술원, 2020.

김봉수, "촉법소년의 처우와 개선방안에 관한 연구", 동국대학교 박사학위논문, 2016.
김선협, "데이트 폭력 처벌에 관한 연구", 「법학논문집」 제40권 제3호, 중앙대학교 법학연구원, 2016.
김소정, "성역할 고정관념에 영향을 미치는 요인: 성인기 인구 집단을 중심으로", 「사회복지연구」 제44권 제1호, 한국사회복지연구회, 2013.
김연지, "소년의 형사책임능력과 치료적 처우 방안에 관한 고찰", 「비교형사법연구」 제20권 제2호, 한국비교형사법학회, 2018.
김예정·김득성, "대학생들의 데이팅폭력에 영향을 미치는 변인들", 「International Journal of Human Ecology」 제140권 제10호, 대한가정학회, 1999.
김한균·조의연, "치료적 사법모델의 형사정책적 도입방안 연구", 「형사정책연구원 연구총서」 제12권, 한국형사정책연구원, 2011.
김한중·강동욱 a, "데이트폭력의 실태와 그 대책방안 -일선 경찰관의 관점에서-", 「법과 정책연구」 제19권 제2호, 한국법정책학회, 2019.
______·______ b, "정신질환자에 의한 '묻지마범죄'의 실태와 대책방안 - 정신건강복지법상 입원제도를 중심으로, 일선경찰관의 관점에서 -", 「법과 정책연구」 제19권 제4호, 한국법정책학회, 2019.
류병관a, "데이트폭력에 있어 피해자 보호방안 : 미국의 데이트폭력 방지대책을 중심으로", 「법학연구」 제22권 제3호, 경상대학교 법학연구소, 2014.

______b, "미국소년사법에 있어 소년정신건강법원(JMHC)에 관한 연구", 「소년보호연구」 제27권, 한국소년정책학회, 2014.
문영희, "아동학대와 영유아 발달", 「아동보호연구」 제4권 제1호, 한국아동보호학회, 2019.
박상열, "미국의 스토킹금지법에 대한 연구", 「비교형사법연구」 제5권 제1호, 한국비교형사법학회, 2013.
박선숙, "학교폭력 경험이 대학생의 데이트폭력에 미치는 영향에서 사회적 유능성의 조절효과", 「교정복지연구」 제45권 제45호, 한국교정복지학회, 2016.
박우현·최응렬, "스토킹·데이트폭력 피해예방법의 제정방안", 「치안정책연구」 제31권 제1호, 경찰대학 치안정책연구소, 2017.
박웅광, "데이트폭력에 대한 경찰권 발동의 법적 문제-일본의 DV(Domestic Violence)방지법 개정동향을 중심으로", 「한국경찰연구」 제14권 제3호, 한국경찰연구학회, 2015.

박외병, “경찰의 데이트폭력 대응방안의 문제점 및 개선방안에 관한 연구”, 「한국범죄심리연구」 제14권 제3호, 한국범죄심리학회, 2018.

박현민·이병도·서우승·이창배, “아동기 직·간접적 폭력 경험이 미혼 성인 남성의 데이트폭력에 대한 편견에 미치는 영향”, 「한국경찰학회보」 제21권 제4호, 한국경찰학회, 2019.

박현정, “데이트폭력의 위험요소와 대책에 관한 고찰”, 「법학논총」 제22권 제2호, 조선대학교 법학연구원, 2015.

배상균, “일본의 데이트폭력 문제와 예방에 관한 검토”, 「법과 정책연구」 제17권 제3호, 한국법정책학회, 2017.

선영화, “노인범죄자의 처우에 관한 연구”, 동국대학교 박사학위 논문, 2019.

성경숙, “치료적 사법의 개념과 그 적용가능성”, 「형사정책연구」 제23권 제4호, 한국형사정책연구원, 2012.

소병도, “영국의 가정폭력전과 공개제도 도입에 대한 고찰”, 「경찰학연구」 제16권 제2호, 경찰대학, 2016.

손강숙·정소미, “여대생의 성역할 고정관념과 데이트폭력 허용도의 관계에서 성적 자기주장의 매개효과”, 「한국심리학회지: 여성」 제21권 제3호, 한국여성심리학회, 2016.

손일영·김해란, “아동기 정서적 학대경험과 대학생들의 데이트 폭력 피해간의 관계 : 정서표현 양가성의 매개효과”, 「청소년학연구」 제25권 제1호, 한국청소년학회, 2018.

송귀채, “범죄피해자보호법의 문제점 및 개선 방안에 관한 연구”, 동국대학교 박사학위 논문, 2018.

신소라, “가정에서의 방임과 성적 학대가 대학생의 데이트폭력 가해행동에 미치는 영향: 폭력허용도의 매개효과”, 「한국공안행정학회보」 제26권 제1호, 한국공안행정학회, 2017.

안은별·임수진, “성애착에 따른 데이트폭력 대처방식 : 정서인식명확성의 매개효과”, 「한국범죄심리연구」 제15권 제4호, 한국범죄심리학회, 2019.

안현의, “청소년의 심리적 외상에 관한 탐색적 연구 : 외상후 스트레스 증상과 성격특성을 중심으로”, 「한국심리학회지: 상담 및 심리치료」 제17권 제1호, 한국상담심리학회, 2005.

윤상민, “데이트폭력에 대응하는 입법적 대책에 대한 검토”, 「법학연구」 제16권 제4호, 한국법학회, 2016.

이규호, “묻지마 범죄의 형사정책적 대응방안”, 「법학연구」 제17권 제3호, 한국법학회, 2017.

이무선, “데이트폭력 방지를 위한 법적 쟁점과 입법방향”, 「홍익법학」 제20권 제1호, 홍익대학교법학연구소, 2019.

이영돈a, “데이트폭력에 대한 경찰의 대응방안 연구”, 「경찰법연구」 제16권 제1호, 한국경찰법학회, 2018.

______b, “정신질환 범죄와 경찰의 대응에 관한 연구”, 「외법논집」 제43권 제3호, 한국외국어대학교 법학연구소, 2019.

이용식, “성폭력범죄자에 대한 치료처우의 개선을 위한 법제도적 고찰”, 「교정연구」 제66권 제66호, 한국교정학회, 2015.

이원정, “주취폭력범죄의 처벌에 대한 연구” 동국대학교 박사학위 논문, 2015.

임정재, “음주친구가 청소년의 음주시작에 미치는 영향: 사회학습이론과 친구연결망 효과를 중심으로”, 「보건과 사회과학」 제41권 제41호, 한국보건사회학회, 2016.

정지혜, “데이트 폭력범죄에 관한 형사법적 규제방안에 관한 연구”, 「입법학연구」 제16권 제2호, 한국입법학회, 2019.

조춘범·이현, “아동기 신체학대경험이 청소년의 데이트폭력에 미치는 영향 :공격성의 매개효과를 중심으로”, 「한국청소년연구」 제24권 제4호, 한국청소년정책연구원, 2013.

주승희, “데이트 폭력 대처방안에 대한 소고 - 폭력전과공개제도를 중심으로 -”, 「법학연구」, 제61권 제2호, 부산대학교 법학연구소, 2020.

한성훈, “데이트폭력에 대한 대응방안에 관한 연구”, 「법학연구」 제25권 제4호, 경상대학교 법학연구소, 2017.

홍영오, “성인의 데이트폭력 가해요인”, 「형사정책연구」 제28권 제2호, 한국형사정책연구원, 2017.

홍태경, “대학생들의 데이트폭력 가해실태와 가해요인에 관한 연구”, 「한국치안행정논집」 제15권 제2호, 한국치안행정학회, 2018.

황만성, “형사절차에 있어서 치료적 사법의 도입에 관한 연구, 「한양법학」 제46권 제2호, 한양법학회, 2014.

황성현, “청소년 흡연·음주행위의 원인에 대한 비행이론적 접근: 일반긴장이론과 사회학습이론을 중심으로”, 「보건과 사회과학」 제32권 제32호, 한국보건사회학회, 2012.

(3) 기타자료

경인일보 (www.kyeongin.com)
경찰청브리핑 (www.ktv.go.kr)
광주지방법원 순천지원 (www.gwangju.scourt.go.kr)
노컷뉴스 (www.nocutnews.co.kr)
뉴시스 (www. newsis.com)
디트NEWS24 (www.dtnews24.com)
대법원 (www.scourt.go.kr/supreme/supreme.jsp)
더팩트 (www.tf.co.kr)
머니S (www. moneys.mt.co.kr)
문화일보 (www.munhwa.com)
서울경제 (www.sedaily.com)
서울신문 (www.seoul.co.kr)
세계일보 (www.segye.com)
신아일보 (www.shinailbo.co.kr)
아시아경제 (www.asiae.co.kr)
여성가족부 (www.mogef.go.kr)
연합뉴스 (www.yna.co.kr)
이데일리 (www.edaily.co.kr)
국회 의안정보시스템 (likms.assembly.go.kr/bill/main.do)
전주MBC (www.jmbc.co.kr)
중앙일보 (joongang.joins.com)
파이낸셜뉴스 (www.fnnews.com)
한겨레 (www.hani.co.kr)
한국경제 (www.hankyung.com)
YTN (www.ytn.co.kr)
NEWS1 (www.news1.kr)

2. 외국문헌

(1) 단행본

Bandura, A, Social Learning Theory. New York: Ceneral Learning Press, 1997.

日本法務省人権擁護局, 「人権啓発教材虐待防止シリーズ3：ドメスティック·バイオレンスDV」, 法務省、2011..

おちけいた·きりうまさゆき, 「テキスト 司法·犯罪心理學」, (株) 北大路書房, 2017.

(2) 논문

Akers R. L, "Social Learning and Social Structure: A General Theory of Crime and Deviance", Boston: Northeastern University Press, 1998.

Dardis, C. M/ Dixon, K. J/ Edwards, K. M/ Turchik, J. A, "AnExamination of the Factors Related to Dating Violence PerpetrationAmong Young Men and Women and Associated Theoretical Explanations : A Review of the Literature", *Trauma, Violence, & Abuse 16(2)*, 2015.

David B. Wexler & Bruce J. Winick, "Therapeutic Jurisprudence as a New Approach to Mental Health Law Policy Analysis and Research", 45 U. MIAMI L. REV. 979, 981, 1991.

D.B Rottman. Does Effective Therapeutic Jurisprudence Requre Specialized Courts, Court Review, Spring 2000.

Debra A. Pinals, "Stalking : Psychiatric Perspectives and Practical Approaches", New York : Oxford University Press. 2007.

Geoffrey Thomas Greenlees, "Drawing the necessary line: A review of dating domestic violence statutes around the united states", Family Court Review. Oct 2012.

Hazan C./ Shaver P. R, "Attachment as an organizational framework for research on close relationships", *Psychological inquiry* 5(1), 1994.

Home Office, Domestic Violence Disclosure Scheme– A consultation: Summary of Responses, 2012.

J.Reid Meloy·Lorraine Sheridan, "Jens Hoffmann,Stalking, Threatening, and Attacking Public Figures : A Psychological and Behavioral Analy sis", Oxford : Oxford University Press. 2008.

Judging in a Therapeutic Key : Therapeutic Jurisprudence and the Courts 7 B, 2003.

Joel Frost-Tift, "Juveniles in Jeopardy: Reclaiming the Justice System's Rehabilitative Ideals", 23 S. Cal. Rev. L. & Soc. Just. 457, 2014.

Nina W. Tarr, "Civil Orders for Protection: Freedom or Entrapment?", 11 *Wash, U. J.L. & Poly* 157, 2003.

O'keefe, M, "Predictors of dating violence among high school students", journal of Interpersonnal Violence, 12(4), 1997.

Patrick Geary, "Juvenile Mental Health Courts and Therapeutic Jurisprudence: Fating the Challenges Posed by Youth with Mental Disabilities in the Juvenile Justice System", 5 Yale J. Health Pol'y, L. & Ethics 671, 2005.

Pistol M. Carole, "Attachment in adult romantic relationships: Style of conflict resolution and relationship satisfaction", *Journal of Social and Personal Relationships*, 1989.

Robert Panzarella/Justin O. Alicea, "Police tactics in incidents with mentally disturbed persons", Policing: An International Journal of Police Strategies and Management 20(2), 1997.

Simons, L.G., Burt, and R.L. Simons, "A Test of Explanations for the Effect of Harish Parenting on the Perpetration of Dating Violence and Coercion among Males", *Violence and Victims* 23, 2008.

S. Y. Oh/Y. H. Kim. "Adult Attachment Style & Dating Relationships in University Students", *Journal of Korean Family Relations Association* 11(2), 2006.

Tanya M. Marcum/Catherine Davices Hoort, "ALERT: BE ON THE LOOKOUT FOR PROTECTION ORDERS IN THE EDUCATIONAL SETTING", 30 *T.M. Cooley L. REV.* 39, 2013.

저자 약력

1. 김한중

- 동국대학교 일반대학원 법학과 졸업(법학박사)
- 연세대학교 법무대학원 졸업(법학석사)
- 연세대학교 법무대학원 제26대 총원우회 사무총장
- 연세대학교 법무대학원장 공로패 수상(2012년)
- 연세대학교 대학원연합회 운영위원(2011년)
- 연세대학교 대학원연합회 제15대 상임운영위원
- 현) 서울강서경찰서 생활안전과 근무중

(주요상훈)

- 2020. 12. 31 서울지방경찰청장 표창 수상
- 2019. 10. 21 제74주년 경찰의 날 경찰청장 표창 수상
- 2016. 10. 21 제71주년 경찰의날 서울강서경찰서장 표창수상
- 2014. 9. 2 마약류투약자 검거 강서경찰서장 표창수상
- 2013. 10. 21 제68주년 경찰의날 서울지방경찰청장 표창수상
- 2013. 8. 30 살인사건 피의자검거 강서경찰서장 표창수상

(저서)
- 생활속 범죄예방강의와 실용호신술 (2015.7.6, 대경북스)
- 생활속 범죄예방강의와 실용호신술2 (2016.7.11.,대경북스)

(논문)
- "데이트폭력범죄에 관한 연구 -치안 현장의 경험에 기초하여-", 동국대학교 대학원 박사학위 논문, 2021.
- "데이트폭력의 실태와 그 대책방안-일선 경찰관의 관점에서", 「법과 정책연구」 제19권 제2호(통권 제54호), 한국법정책학회, 2019.
- "정신질환자에 의한 '묻지마범죄'의 실태와 대책방안-정신건강복지법상 입원제도를 중심으로, 일선경찰관의 관점에서", 「법과 정책연구」 제19권 제4호(통권 제56호), 한국법정책학회, 2019.

2. 강동욱

- 한양대학교 법과대학 졸업, 동 대학원 졸업(법학박사)
- 일본 明治大學 수학, 미국 UC, Irvine 방문교수
- (현) 동국대학교 법과대학 교수, 한국법학교수회 부회장, 한국탐정학회 회장, 한국아동학대예방협회 부회장, 대검찰청 검찰수사심의위원회 위원, 서울중앙지방검찰청 형사상고심의위원회 위원, 서울고등검찰청 영장심의위원회 위원

(저서)
- 형사절차와 헌법소송, 불심검문, 아동학대(공저), 소년법(공저), 법정책학이란 무엇인가(공저), 아동학대범죄의 처벌 등에 관한 법률 매뉴얼, 강의 형법총론, 탐정학개론(공저), 탐정과 부동산거래(공저), 탐정과 산업보안(공저) 외 다수

(논문)
- 국민참여 형사재판의 대상사건에 관한 비판적 고찰과 대안, 피해자국선변호사 제도의 발전적 확대방안, 여성·아동 폭력 보도와 관련한 언론의 2차 피해 방지를 위한 제도적 연구, 노인학대에 관한 법률의 입법 방향에 대한 비판적 고찰, 범죄 피의자의 신상공개에 대한 비판적 검토 외 다수

도서출판
그린

데이트폭력범죄의 해부

인 쇄 ▶	2021년 04월 13일
발 행 ▶	2021년 04월 16일
저 자 ▶	김한중, 강동욱
발행처 ▶	도서출판 **그린**
발행인 ▶	윤 덕 우
출판등록 ▶	제8-161호(1995. 5. 3.)
주 소 ▶	서울특별시 서대문구 연희로5길 50(연희동) (우) 03716
전 화 ▶	02)333-2574, 2575
Fax ▶	02)333-2561
E-mail ▶	greenpress@greenpress.co.kr
Homepage ▶	http://www.greenpress.co.kr

정가 : 12,000원

ISBN 978-89-5727-328-9